Afinal, o que viemos fazer em Paris?

Alberto Villas

parte 1
fragmentos da vida real **14**

parte 2
saudade do brasil **102**

parte 3
trilha sonora **176**

parte 4
estilhaços de cartas na mesa **230**

 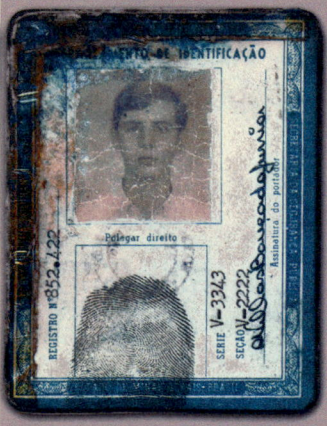

1972. A ditadura do presidente Emílio Garrastazu Médici procurava um guerrilheiro chamado Alemão nas ruas de Belo Horizonte. Qualquer loiro e cabeludo era suspeito. Eu tinha, sim, uma juba de leão, mas não era o tal Alemão.

Estava parado no meio da praça Diogo de Vasconcelos em Belo Horizonte, num dia útil qualquer do ano de 1972, quando dois policiais desceram de uma viatura e se dirigiram a mim. Um deles, com a arma em punho, me perguntou se era eu o Alemão. Não, eu não era o terrorista que procuravam. Tinha, sim, os cabelos loiros e longos, quase na cintura, mas não era eu o tal Alemão. Mostrei a eles a carteira de identidade número 852.422, expedida no dia 26 de março de 1968, pela Secretaria de Segurança Pública de Minas Gerais. Eles examinaram, examinaram, olharam várias vezes para a foto 3X4 e para o meu rosto pálido. Com um sorriso sarcástico, um deles me liberou. "Com esse cabelinho, se não é guerrilheiro é bicha." Fui embora sem olhar para trás, peguei o ônibus Carmo–Sion e desci na avenida

Afonso Pena. Caminhei até o Foto Elias e tirei uma fotografia 5X7 em branco e preto. "É para passaporte?" Sim, para passaporte! Naquele dia de 1972 decidi que iria embora para muito longe, que abandonaria o meu país, custasse o que custasse.

    Quando cheguei em casa a primeira coisa que fiz foi abrir o meu armário e retirar da caixa o meu sapato Clark de festa. Passei uma fita-crepe nela toda e depois a revesti com um papel cheio de flores coloridas retirado das páginas de um ensaio fotográfico sobre os hippies na revista *Realidade*. Com um estilete fiz um buraco na tampa, o suficiente para passar as notas de cruzeiros que a partir daquele momento economizaria para ir embora do Brasil. Com uma caneta Pilot ponta grossa escrevi com letras bem psicodélicas, uma de cada cor: "Paris é uma festa!"

Para Julião e Sara, frutos de Paris

A neve caindo em Paris, por Julião Villas

"Hoje eu me sinto como se ter ido fosse necessário para voltar"

Gilberto Gil em Back to Bahia

Agradecimentos:
Paulo Villas
Ana Paula
Maria Clara
Marília
Maria Ângela

PARTE 1

fragmentos
da vida rEal

Um belo horizoNte

    Quando o avião da Varig sobrevoou Belo Horizonte pela última vez, olhei acanhado por aquela janelinha oval, lá embaixo. A cidade que estava deixando rumo a um exílio voluntário não era tão cruel assim como eu havia bordado para amigos, dias antes de partir. Vi muito verde espalhado por suas ruas e avenidas, prédios que brotavam em bairros novos esticando a periferia como massa de pizza sendo aberta. Enxergava, lá de cima, uma fauna de Corcéis, Pumas e Opalas circulando por suas veias, como se fossem minhas miniaturas de Matchbox que deixara guardadas na casa do meu pai e da minha mãe, na rua Rio Verde, 648. Visto assim do alto, era um belo horizonte.

    Não sei se chorei, mas já instalado no sétimo andar do número

4 da rue Paillet vi, da janela embaçada pelo suor do vidro, uma outra cidade. Era uma Paris que me esperava coberta de neblina no auge do seu inverno de 1974. As árvores não tinham folhas e uma camada fina de gelo cobria os gramados. Era um lindo, mas triste e melancólico horizonte para quem acabara de chegar de um país tropical abençoado por Deus e bonito por natureza, decidido a ficar. No meu quartinho quatro por quatro, instalei o quartel-general de memórias. Em cadernos Avante!, que traziam na capa um escoteiro empunhando bravamente uma bandeira brasileira, anotava tudo o que não queria esquecer.

A avenida Afonso Pena com suas árvores cheias de amintinhas, o apelido que aqueles insetos roubaram do prefeito Amintas de Barros, a Sociedade Mineira de Engenheiros, onde passei inesquecíveis carnavais, a Igreja do Carmo, onde confessava e comungava todos os domingos. O Colégio Dom Silvério, onde dona Maria Augusta Toscano me ensinou a ler, a rua Grão Mogol, onde ficavam a Padaria La Fornarina e o Bar Maron, onde dei o primeiro gole numa Cerveja Portuguesa.

Anotei também O Sobrado do Torra, onde, subindo a escada, percebi que já sabia ler:

Com a sunga Big comprada no Mundo Colegial, estava pronto para enfrentar o time adversário.

"Em cada degrau, 1 cruzeiro de economia". O Mundo Colegial, onde comprei minha primeira sunga Big, aquela do gorila, para participar de um campeonato de futebol no bairro do Sion. O Armazém Colombo e o Bar Grapette, no coração da Savassi, as Estâncias Califórnia, onde meu pai comprava aquelas caixinhas vermelhas de uvas-passas vindas da América do Norte, as Lojas Gomes, na avenida Afonso Pena, o Posto Fraternia, onde meu pai enchia o tanque do Land Rover todos os sábados, antes de ir para o Mercado Central.

Foi num dos cadernos Avante! que comecei a anotar também o nome das pessoas que não queria ver desaparecer da minha memória. Valdivino, o tintureiro, Geraldo Savassi, o dono da padaria, Chain, o dono do botequim, Licurgo, o velho que usava uns óculos verdes que me davam muito medo. Doutor Asplênio, o engenheiro, irmão Gonçalves Xavier, o diretor do colégio, Valter, o marido de Cindalva, Hormínio, o farmacêutico. Suzana, o primeiro amor de criança, e Nelson Thibau, o louco que queria trazer o mar para Minas.

No meu exílio em Paris, Belo Horizonte não havia mais. A Livraria Van Damme, onde comprava a *Rolling Stone*, a banca onde namorava os fascículos dos *Gênios da Pintura*, a Confeitaria Bosch, onde comia com o meu pai o melhor sanduíche de pernil do mundo, a loja Peps, na rua da Bahia, onde minha mãe paquerava os eletrodomésticos de última geração. O Mineirão, novinho em folha, onde assistia aos jogos do meu América até mesmo nas quartas-feiras de chuva em que enfrentava o Democrata, o Bela Vista ou o Metalurzina.

Paris era uma festa e Belo Horizonte um retrato dependurado na parede, que doía. Nos primeiros dias já procurava desesperadamente os poemas de Drummond na Joie de Lire, uma livraria no Quartier Latin, rue Saint-Séverin número 40. Era neles que me agarrava nas horas de muito frio e solidão. "Vai, Hotel Avenida, vai convocar teus hóspedes no plano de outra vida." Na procura da vida passada a limpo, encontrava uma parte da minha Belo Horizonte. A outra, continuava procurando pelas ruas de Paris, na certeza de nunca encontrar.

ladrão
de literatura

Na Livraria Joseph Gilbert comprei cinco cadernos Clairefontaine grandes. As folhas são quadriculadas e escolhi uma capa de cada cor: verde, vermelho, azul, amarelo e laranja. Paguei caro por eles, mas precisava de cadernos em branco. Afinal, vim aqui para escrever um livro e a idéia surgira há três dias quando o vagão parou durante cinco minutos entre as estações Odéon e Châtelet. Fiquei ali observando os passageiros, quase todos lendo.

A idéia de escrever um livro ficou na minha cabeça quinta e sexta. Hoje acordei cedo. Abri uma toalha vermelha no chão e espalhei o café-da-manhã. Pão preto, geléia de laranja amarga, leite frio, manteiga President e Nescafé. Sentei no chão como os índios do Xingu e comecei a tomar o meu *petit déjeuner*.

Da janela observo o movimento da feira lá embaixo. Passo o dedo no suor do vidro e vejo que é fim de feira. Mulheres agitadas e falantes do meu bairro popular discutem com os feirantes o preço final das alcachofras roxas e muito lindas. O ambiente é bem cinza e só se salvam as cores das frutas e legumes. O vermelho dos tomates, o laranja das mexericas e o verde das folhagens, além das alcachofras roxas. Paris está dentro da moldura dessa janela com seis vidros pequenos, lá fora, em branco e preto.

Voei para a estação Voltaire do metrô decidido. Não levei o caderno Clairefontaine verde, escolhido para ser o primeiro, porque não sei escrever em cadernos a não ser na minha escrivaninha. Passei a mão num maço de folhas brancas.

A idéia era ficar dias e mais dias no metrô circulando em todas as linhas, observando o que as pessoas estavam lendo dentro dos vagões. O livro não teria sequer uma palavra minha, apenas palavras de escritores alheios que estavam sendo devorados debaixo da terra, no metrô. O personagem principal seria um homem de meia-idade ávido por literatura que se sentaria sempre ao lado de alguém lendo para roubar parte da leitura. Uma frase, um parágrafo, uma página inteira. O início de um capítulo, o meio, o fim, não importava. A partir desses pequenos furtos comporia minha obra.

O céu lá fora continuava cinza-chumbo e antes de entrar no primeiro vagão tomei um chocolate quente numa cafeteria dentro da estação, ambiente propício para um escritor em Paris. O vagão estava vazio, mas na estação seguinte uma mulher negra e esguia sentou-se ao meu lado. Ela carregava uma sombrinha e um livro protegido por uma capa de couro marrom. Instalou-se a meu lado, abriu o livro e foi direto na página onde estava o marcador, a reprodução de um clássico de Caravaggio. A história parecia interessante. Era uma história em quadrinhos.

O Bar de Joe era freqüentado por prostitutas, poetas, bêbados, trabalhadores, viciados e músicos decadentes. Havia um clima de jazz no ar, um pouco Jack Dupree, um pouco Tom Waits. Os personagens iam passando pelo Bar de Joe e a história de cada um se cruzando, formando uma rede de intrigas. A leitura durou

A primeira idéia era roubar a literatura de uma negra no metrô que lia as aventuras no Bar de Joe.

três estações. Terminou quando a negra fechou o livro, pegou a sombrinha e se dirigiu para a porta, o vagão parou e ela desceu.

Quase desisti de escrever o livro ali mesmo. As anotações foram feitas numa das folhas brancas do maço que carregava. Suei frio quando pensei que meu trabalho seria árduo e longo. Será que conseguiria escrever um livro gastando tanto tempo dentro do metrô, pescando fragmentos de discursos amorosos, roubando palavras alheias para construir uma obra sem nexo?

Em casa passei a limpo as minhas anotações. Na primeira página escrevi com letraset o título do meu livro: Ladrão de Literatura. Na segunda escrevi o meu nome e na terceira, bem caprichado e também com letraset: Capítulo 1, O Bar de Joe.

a queda

Cuidadosamente retirei com uma faquinha os dois grampos da revista *Veja* que trouxe na minha mala. Separei a capa e com uma fita adesiva colei-a na parede do meu quarto quatro por quatro. No dia 11 de setembro de 1973 os militares tomaram o poder no Chile socialista de Salvador Allende. Bombardearam o palácio de La Moneda e assassinaram o presidente. A última foto dele é a de um homem perplexo na porta do La Moneda com uma submetralhadora nas mãos, presente de Fidel Castro. Com um capacete de mineiro na cabeça, ele olha para cima, quem sabe chocado com as bombas que caíam de um céu que não o protegia. A notícia que li ainda no Brasil dizia que Salvador Allende se suicidara dentro do palácio com um tiro na cabeça. Aqui todos dizem o contrário – ele foi assassinado. Allende jurava que jamais arredaria pé do cargo legítimo que havia

A capa da revista *Veja* de 19 de setembro de 1973 ficou dependurada na parede da minha casa esperando Pinochet cair.

conquistado nas urnas, e não arredou. Com o apoio dos americanos, foi escorraçado do poder. Eu não consigo engolir a queda de Allende. A capa da *Veja* vai ficar aqui dependurada atrás dessa porta branca até o dia em que o ditador Augusto Pinochet cair, porque um dia ele vai cair.

o loiro de barbes

A idéia de escrever um livro voltou no fim de semana. O caderno Avante! continuava praticamente em branco e aquele escoteiro na capa empunhando com uma força estranha a bandeira do meu país ocupado pelos militares me incomodava. Paris não era uma festa!

Na estação Télégraphe avistei uma jovem coberta de preto dos pés à cabeça. Ela lia um romance aparentemente popular quando o trem chegou, e eu fui atrás. Sentamos na primeira fila do segundo vagão. Peguei o bonde andando. Ela estava na página 18 de um romance policial de capa preta e título em amarelo: O Loiro de Barbes, numa tradução clara para mim.

Um crime havia ocorrido no quarto escuro de uma puta de meia-idade, loira oxigenada, num bairro pobre da cidade. Quem matou Nicole? Quem raspou inteiramente seu sexo? Quem apertou o nó? Quem? Há dois meses a polícia procurava um loiro acusado de enforcar prostitutas, um estranho colecionador de pentelhos. Numa pasta de capa dura azul-escuro ele catalogava os pêlos colando-os com uma fita adesiva e escrevendo o nome da vítima.

Os policiais chegavam cedo ao bairro, vasculhavam cômodos suspeitos, e nada. O loiro fugia como um preá sem deixar vestígios. Hoje eles entraram no prédio de porta envernizada e bateram no apartamento que tinha apenas o número 2 dependurado. O número 1 havia caído e deixado a marca sem verniz na madeira. Uma mulher sonolenta olhou pela greta, viu os tiras e abriu vagarosamente a porta que rangeu. O cachorro que dormia em cima de um tapete persa surrado latiu. Era um pastor alemão.

    A jovem desceu na estação Gambetta e eu continuei. Desci em Saint-Michel e voei para uma livraria de esquina que sabia haver ali, uma livraria grande. Fui direto à prateleira de livros policiais em busca daquele de capa preta e título em amarelo. Eram muitos, dezenas, centenas. Histórias e mais histórias, crimes bárbaros e misteriosos. Mas, aquele, nada.

A segunda história. A polícia procura pelas ruas de Paris um estranho e misterioso colecionador de pentelhos.

A idéia de escrever um livro chamado Ladrão de Literatura agora era uma obsessão que me atormentava todos os dias quando abria os olhos e lembrava que estava em Paris. Hoje escolhi a estação Voltaire para atacar minha próxima vítima. Chovia fino e os passageiros se incomodavam com cada leva de outros que entravam nos vagões espalhando pingos por todos os lados.

Roubei apenas algumas frases de um estudo de Jacques Lacan, que me tiraram completamente a inspiração. Os trens iam e vinham aumentando o molhado no chão das plataformas, formando uma quase poça de água suja.

E nenhuma inspiração.

A idéia de continuar ali ficou no meio do caminho. Muitas páginas já haviam sido lidas e eu não conseguia pegar o fio da meada. Vou-me embora para casa sem mesmo saber quem matou Nicole. Aquela pasta cheia de pentelhos pareciam cílios, mas não eram, eram rastros de sexo de prostitutas mortas. Amadas e mais tarde odiadas. Se ao menos encontrasse aquele maldito livro para vender quem sabe pudesse construir uma nova história a partir daquela. Afinal, não era eu um ladrão de literatura?

a madame roux

Gelei ao entrar no imponente edifício da Société D'Encouragement pour L'Industrie Nationale, parede e meia com o café Les Deux Magots, e dar de cara com madame Roux. Sentada numa cadeira colonial de rainha, era uma senhora de 140 quilos que usava um vestido longo de flores tropicais e um xale vinho que embrulhava o seu pescoço. Exalava um cheiro forte do laquê que segurava o cabelo acaju e tinha os pés inchados, marcados pela elasticidade das meias brancas. Madame Roux era a rainha do pedaço e a mulher que estava ali sentada pronta para me dar o primeiro emprego em Paris. Clandestino, claro. Sem falar ao menos um *merci beaucoup* eu estava ali pronto diante daquele mulherão, inteiro ao meu dispor. Estendi a mão como me instruíram e dei um singelo *bonjour.* Olhando para o lado ela estava e continuou. Esboçou uma resposta ao meu *bonjour* com muita má vontade e fez um discurso rapidamente traduzido por Sãozinha. Era o seguinte: a partir daquele momento eu estava incumbido de limpar duas vezes por semana o porão do edifício da Societé D'Encouragement pour L'Industrie Nationale. Terças e quintas. O porão era um lugar sombrio cheio de estantes de madeira escura e muito grossa. Eram livros de engenharia que estavam ali talvez há séculos acumulando pó e irritando madame Roux. E eu, logo eu, fui o enviado de Deus para baixar aquela poeira e aquele cheiro forte de mofo. Eram livros de cálculos, muitos. *Calculez vos Structures, Planning de Projet Imédiat, Projets Modernes.* Eu sabia que a matemática, a tal da trigonometria que o irmão Gonçalves Xavier me ensinou um dia, seria útil na minha vida. Com um paninho vermelho comecei a árdua tarefa, limpando livro por livro. Era uma biblioteca inteira, o que me garantia emprego por um bom tempo e um punhado de francos que me seriam entregues no final de cada dia por madame Roux, num envelope pardo, dobrado em dois, escrito apenas monsieur Vilas, com um ele só. Limpei dezoito livros no primeiro dia e um me interessou bastante: *Architecture sans Architectes*, de Bernard Rudofsky. Quis levar pra casa, mas não levei. O livro era grande, pesado, e eu não queria correr riscos. No porão de madame Roux tinha também muitos engradados de Coca-Cola. Eram garrafinhas de vidro bem menores que a brasileira. A sede era muita no final da jornada de trabalho, mas as garrafas tinham tampinhas de lata forradas de cortiça, o que tornava impossível abri-las sem um abridor. No segundo dia de trabalho levei um no bolso, abri sem fazer barulho e bebi uma choca, mas matou minha sede. Nunca poderia imaginar que um dia trabalharia entre garrafas de Coca-Cola e teoremas.

patty

O dia amanheceu com a fotografia de Patricia Hearst na primeira página de todos os jornais. A neta do magnata da imprensa americana de 21 anos foi levada por terroristas do Exército Simbionês de Libertação quando estava feliz da vida num superapartamento em Berkeley, na Califórnia, em companhia do noivo. Patty gritou, esperneou, mas não adiantou. Sumiu do mapa. Os terroristas exigiram 400 milhões de dólares de resgate e mais: o pai de Patty teria de distribuir comida para os pobres da Califórnia. O filho de Mr. William Randolph Hearst, Randolph Apperson Hearst, depositou em um banco 250 mil dólares como prêmio para quem desse pistas da filha seqüestrada. E nada. Hoje o mundo inteiro amanheceu surpreso com a fotografia de Patty trajando um macacão marrom, uma boina da mesma cor e empunhando uma metralhadora. Patty mudou de time. Ela agora virou Tânia, uma guerrilheira do Exército Simbionês de Libertação cujo lema é muito simples: "Lutar para salvar o povo que sofre". A capa da *Newsweek* foi também para a parede branca da minha casa, bem ao lado da capa da *Veja*, com um fuzil que está matando os chilenos lá na América do Sul.

Uma milionária empunhando uma metralhadora na capa da *Newsweek* também foi para a parede da minha casa.

o café-da-manhã

Um novo emprego sem falar praticamente nada de francês. O trabalho é o seguinte: acordar às 5h45 e descer seis lances de escadas até o apartamento onde moram Claude, Elodie e Celine. O pai, separado, trabalha com cinema e as duas filhas são estudantes, com 8 e 6 anos.

O apartamento é amplo, todo atapetado, muito aconchegante. Livros e mais livros, discos e mais discos, por todas as paredes. Abajures nos quatro cantos e muitas lembranças espalhadas. São figuras do Nepal, painéis de Bali, cestas da China, máscaras da Costa do Marfim. Muitos discos fora das capas. Django Reinhardt convive ali com Charlélie Couture. Jazz cigano e rock francês, um por cima do outro.

Tenho a chave do apartamento nas mãos e abro a porta sempre com muito cuidado. O pai, que trabalha até alta madrugada, está dormindo. Minha missão é ir direto para a cozinha, colocar dois jogos americanos sobre a mesinha, duas xícaras, dois pratinhos, os talheres. Em seguida a torradeira, o pão de forma, a lata de biscoitos, a geléia, a manteiga, a aveia em flocos, o mel, o leite, o açúcar e a caixinha amarela de Banania.

Tudo pronto, acordo as meninas. Elodie é sempre a primeira a despertar. *Bonjour!* É o que sei falar. A primeira acorda e alguns minutos depois a segunda. Esfregam os olhos e caminham ainda cochilando para o banheiro, que tem o chão coberto de tapetes. Enquanto preparo as torradas as duas se aprontam e, quando chegam na cozinha, já estão espertas. Aí então me dão o *bonjour* acordadas e me perguntam alguma coisa que não sei responder. Aponto: *Chocolat! Pain! Confiture! Lait!* Elas morrem de rir do meu sotaque.

Tomam o café-da-manhã, vão até a sala, passam a mão nas mochilas e descemos. O carro pega as duas em seguida e eu subo novamente. Lavo as xícaras, os pratinhos, os talheres, tudo. Guardo os alimentos dentro de um armário minúsculo. Deixo a cozinha arrumada e vou-me embora. Desço para pegar o meu correio e depois subo as escadas até o sétimo andar, onde moramos. O trabalho é esse, em troca de um punhado de francos no final da semana. Cada dia as meninas me ensinam uma palavra nova. Hoje foi *pamplemousse*.

Apontava a caixinha de Banania para as meninas e dizia: *"Chocolat! Chocolat! Chocolat!"*

zé octávio camping club

Quando a porta do apartamento 4 do número 79 da rue de la Roquette se abriu, saiu lá de dentro um cheiro de óleo de girassol queimado e batatas fritas. Zé Octávio, um arquiteto de 2 metros de altura, cabelos e óculos de John Lennon, estava fritando batatas quando chegamos. Era um apartamento inteiramente pintado de branco e com um carpete azul-anil. Ele foi logo justificando o anil medonho daquele carpete. Era bem mais barato que o cinza que queria para forrar o apartamento onde moraríamos. Zé Octávio já não tinha dinheiro no bolso para pagar o aluguel e estava nos cedendo o lugar. Eram três cômodos. Uma sala grande, um quarto minúsculo e uma cozinha-banheiro. Pia, fogão, ducha e vaso sanitário. Mas o que mais nos impressionou naquela manhã de sexta-feira foi a barraca de camping de nylon azul armada bem no meio da sala de jantar, onde todas as noites Zé Octávio se enfiava e dormia profundamente. Herdaríamos também o fogão, uma frigideira, garfos, facas, colheres, três pratos, cinco copos de geléia vazios, um pouco de óleo de girassol e algumas batatas.

bom apetite!

Nunca vi minha mãe no fogão num dia de domingo. De segunda a sábado ela cozinhava e no sétimo dia descansava. Domingo era dia em que meu pai pilotava o fogão. Acordava cedo, era um apartamento inteiramente pintado de branco e com um carpete azul-anil. Ele foi logo justificando o anil medonho daquele carpete.

FRAGMENTOS DA VIDA REAL 33

O meu sonho de cozinheiro era aprender a fazer *quiches lorraire* no país da culinária.

assistia à missa das 6 horas no Mercado Central e por volta das 8 já estava em casa com o balaio cheio de frutas, verduras e legumes frescos. O meu pai era bamba na cozinha aos domingos.

Creme de aspargos, arroz de forno, canja de galinha, cozido à portuguesa, bife à caçarola, bacalhau gratinado na farinha de rosca, esses eram os seus pratos prediletos. Ele iniciava o ritual por volta das 10. Colocava um avental, abria uma cervejinha gelada, escolhia os ingredientes, mas tudo tinha de estar muito limpinho e organizado para que meu pai começasse a fazer nosso almoço de um dia especial.

Era um capricho só. Picava a cebola em rodelas milimetricamente iguais e descascava cenouras e batatas sem feri-las em momento algum. Lavava o arroz como se estivesse lavando uma peça de veludo *côtelé*. O descascar dos ovos era um ritual zen. A massa do macarrão muitas vezes era preparada por ele próprio e o frango era esquartejado com técnica e precisão. Mas a lembrança que ficou é a do cheiro do alho fritando no azeite Gallo.

Meu interesse pela culinária começou à beira do fogão acompanhando minha mãe em seu trabalho diário de alimentar sete bocas. Foi com ela que aprendi a fazer um chuchu com carne moída como ninguém faz. Polenta com sardinha, taioba refogada, iscas de fígado acebolado, abobrinha recheada, frango com quiabo, lombinho com tutu, a minha mãe era craque no trivial comum. Suas batatas doces fritas ficavam sempre sequinhas.

Fui crescendo e aprendendo a arte de cozinhar. Adolescente ainda, corria às bancas toda semana para comprar os fascículos de *Bom Apetite*. Foi nesses fascículos que aprendi o bê-á-bá, o passo-a-passo básico da cozinha. Por isso acho que estou preparado para enfrentar mais um desafio. A partir de amanhã começo a trabalhar na cozinha de um restaurante no número 43 da rue du Borrégo, no XXème. Vou começar descascando batatas, cortando cebolas, picando alho, lavando alcachofras. Mas quero em um breve período de tempo aprender a fazer *quiches lorraine*, saborosas saladas de *céleris* e preparar um cuscuz marroquino de dar inveja ao rei Muhammad IV. Hei de vencer mesmo sendo cozinheiro!

o meteorologista

Quando chegou a primeira carta do meu pai, pensei: vou escrever um livro sobre ele. A paixão que tinha pela meteorologia, suas viagens, suas histórias, sua organização. A carta chegou dentro de um envelope verde-e-amarelo timbrado do Ministério da Agricultura. O "ilustríssimo jornalista" estava escrito com um velho aparelho de normógrafo importado que ele cultivava havia anos e guardava cuidadosamente dentro de uma caixa de madeira de lei.

A vida do meu pai daria, sim, um livro!

O Natal que organizava todos os anos no bairro do Carmo entrou para a história. No final de novembro, um caminhão Chevrolet parava na frente da nossa casa, o motorista descia da boleia, subia na carroceria e pulava de lá com um engradado. Era uma festa quando ouvíamos o ronco daquele motor velho quase fundido partindo e deixando na minha casa a ceia de Natal.

O meu pai levava o engradado para o quintal e começava um verdadeiro ritual para desmontar a embalagem sem ferir a madeira, entortar os pregos ou assustar o bicho, cansado de uma longa viagem de Ponte Nova até a capital.

No dia 24 bem cedo íamos até a maior e melhor padaria da cidade. Todos os anos fazíamos isso. Meu pai era amigo do dono, o que facilitava nosso acesso ao porão, onde ficava o forno cheio de perus, leitões e pernis assando e espalhando um cheiro delicioso de Natal no ar.

Que festa!

Comecei a anotar no caderno todos os detalhes daqueles natais para não me esquecer de nada. O presépio, a árvore, os balaios cheios de pêssegos e figos verdes. O pão de rabanada, as frutas secas, os enfeites e um disco de capa amarela e o desenho de um Papai Noel dançando twist. Natal bossa-nova! Assim que chamava. Só aquela noite de 25 de dezembro daria um belo capítulo.

A carta do meu pai trazia notícias da família. Um tio que estava com câncer, um primo que ficou noivo, uma tia que se mudou para o interior. O país estava calmo para o meu pai, tudo sob controle. Deixei as primeiras anotações de lado, junto com o envelope verde-e-amarelo. Era tarde da noite e o barulho da máquina certamente

As aventuras do meu pai dariam um livro, pensei.
De noite, na cama, desisti da idéia.

incomodava a senhora que morava no terceiro andar e dormia cedo com os seus gatos. Não havia mais clima para escrever nada.

Preparamos um macarrão rápido com molho de tomate, alho e óleo. Fui para a cama, fechei os olhos e pensei.

Não vai dar certo esse livro. Chega!

inventário

A minha mãe só leu dois livros na vida: as *Memórias* de Humberto de Campos e outro chamado *A Filha do Diretor do Circo*. E foi com *A Filha do Diretor do Circo* que sonhei essa noite. Era um livro grosso, com páginas brancas que vieram todas coladas. Minha mãe ia lendo e com uma faca na mão ia descolando as páginas.

Retomei a idéia de escrever um livro mandando um bilhete para o meu pai. Era um bilhete curto em que perguntava simplesmente: "Pai, o senhor pode me fazer um favor? Enviar-me pelo correio o livro *A Filha do Diretor do Circo*, que está na prateleira mais alta da estante do seu escritório?" Não dei muitas explicações, disse apenas que estava com saudade de ler um livro em português.

Doze dias depois chegou uma carta dele, mas nem sequer tocava no assunto. Na verdade, quando abri o envelope, eu já nem me lembrava do livro que havia pedido ao meu pai. A idéia agora já era outra, escrever um livro de poesias. A primeira estava pronta, datilografada. Até a capa já estava pensada, a imagem de um brinquedo antigo, um palhaço de ferro branco plantando bananeira e um título feito à mão: Inventário.

"Da terra que te plantei
Restou apenas a pastagem

Do cravo que te crucifiquei
Apenas a ferrugem
Da madeira que te esculpi
Apenas a serragem
Do fogo que te queimei
A fuligem
Do caminho que caminhei
A miragem."

Ficou nisso. Guardei as duas folhas de papel e pensei: eu não vim aqui para escrever um livro de poesias! Quem lê poesias?

estrada da vida

Meu querido diário: hoje foi o dia mais duro da minha vida aqui em Paris. Nove horas da noite uma Kombi de fabricação alemã estava na Place d'Italie nos esperando. Estávamos todos lá, um engenheiro peruano, dois estudantes bolivianos, um médico chileno e quatro brasileiros. Em troca de 500 francos iríamos passar a noite trabalhando na auto-estrada A-1. Naquela Kombi nos apertamos e seguimos caminho, e quando deu 11 da noite já estávamos a postos esperando apenas que interditassem a estrada para que pudéssemos trabalhar.

Foram servidos um café quente e um pedaço de baguete com camembert para cada um. Os termômetros marcavam 2 graus acima de zero. Estávamos encapotados até a alma, mas o vento frio penetrava em nossas blusas, inclusive no casaco que comprara na véspera, na Tati em Barbès. Meia-noite o trabalho começou. Enquanto um perfurava o chão com aquelas furadeiras infernais,

outros iam colocando as estacas de alumínio, as porcas
e apertando os parafusos. A cada hora certa parávamos para
mais um café quente.

    Para quebrar o gelo colocava as minhas mãos diretamente
no motor daquela máquina quente movida a diesel. Os *guardrails*
iam sendo instalados e a pista ficando para trás. Furo, estaca,
porca, parafuso. Senti-me como um Chaplin dos tempos modernos
trabalhando naquele inferno até 6 da manhã. O dia já amanhecia
quando terminamos o nosso trabalho. Na Kombi recebemos um
envelope cada um, 500 francos em dez notas de 50. Cheguei em
casa morto. Construir estradas, nunca mais!

o chinês

    O dia passou da maneira mais normal possível, banal mesmo.
Choveu pela manhã, o que salientou o brilho do asfalto da cidade.
Quase no final da noite, quando esse dia bobo estava para terminar,
três batidas fortes na nossa porta nos fizeram despertar. Era Ong.

    Ong chegou de repente para um chá. Vivia solitário em
Paris, cheio de sonhos. Um deles era construir uma casa ecológica
usando materiais alternativos, reciclados. Havia feito um curso de
especialização em Arquitetura Marginal e toda vez que vinha na
nossa casa viajávamos para bem longe em croquis e projetos.

    A casa dos sonhos de Ong era de madeira reflorestada, panelas
de cobre dependuradas nas paredes da cozinha, estantes cheias de
livros por todos os cantos. Um fogão a lenha, forno de barro e água
quente vinda da energia solar, em algum lugar do planeta.

    Ong encontrou nossa casa limpa e perfumada. Estávamos

Ong chegou com um chinelo de palha, uma calça cáqui e uma camisa estilo Mao, carregando numa pasta o sonho de morar em Christiania.

ouvindo a canção *Uibitus e Beija-Flores, Poluição Quebratória*, de Walter Smetak, quando ele bateu na porta. Chinelo de palha e calça cáqui, camisa azul-marinho estilo Mao e uma boina de feltro. Ele trazia debaixo do braço uma pasta de cartolina verde marmorizada cheia de fotografias de Christiania. Tinha acabado de chegar de Copenhague.

Calmamente, entre uma golada e outra de chá preto, ele nos explicou que a comunidade alternativa de Christiania estava dividida entre as drogas e as experiências alternativas. Contou um pouco da história do lugar, detalhes do dia em que um grupo de hippies invadiu um antigo alojamento do Exército no centro da capital dinamarquesa.

"Onde havia guerra, agora há paz", disse ele, quebrando na boca um biscoito LU com recheio de damasco. As fotografias eram em branco e preto e foram passando de mão em mão.

A padaria!
A gráfica!
A escolinha de arte!
O centro de música!
A biblioteca!
O bicicletário!

A música de Smetak terminou e não percebemos, achando que fazia parte do seu silêncio. Pensamos em voar imediatamente para a Dinamarca, passar lá uma temporada e voltar com um livro pronto.

A vida aqui estava começando a entrar no normal. Aos poucos as pessoas foram se ajeitando. Um virou porteiro de hotel, outro caixa de restaurante. Um ajudava na cozinha, outro lavava latrinas. Um cuidava de crianças, outro de cachorros. Um foi ser pintor de paredes, outro foi construir auto-estradas. Não havia mais clima para escrever um bom livro. A vida se resumia em acordar cedo, tomar café.

Sentar na portaria de um hotel.
Varrer, espanar.
Almoçar no restaurante universitário.
Limpar privadas.
Enxugar vasilhas.
Cuidar de crianças.
À noite, ler. Política. Filosofia. Sociologia.
Quase todos os dias o carteiro vestido de azul trazia notícias do meu país. Fotografias dos sobrinhos que iam nascendo, um após o outro. Era um primo que casou, um tio que morreu, um vizinho que se mudou. A idéia do livro foi caindo num vazio e a preguiça às vezes era tanta que nem dava mais vontade de abrir aquela pasta cheia de papéis, recortes, anotações e fotografias.
Vinho, queijo, pão, tédio.
Nixon caía, Pinochet matava, Karamanlis subia e os cravos enfeitavam a festa em Portugal. Muitos amigos foram para lá, curtir a democracia, pá. Foram de avião levando um cravo na lapela, e nós ficamos aqui. Nem Copenhague, nem Lisboa, nem livro, nem nada.

fotografias

Aquele táxi cor de vinho no cinema despertou minha imaginação para escrever o tal livro. Precisava de um ambiente assim, meio Irlanda, meio Escócia, lugares por onde circulava aquele misterioso táxi. Havia uma casa de madeira e eu me imaginava dentro dela com as pernas cobertas por um grosso cobertor, com copo de vinho na mão e um cachimbo na boca. Não havia neve, mas a neblina lá fora trazia de volta a vontade de escrever, contar a história de um amigo.

Ele conheceu uma francesa linda, uma menina de cabelos loiros e cacheados, professora de arte para crianças. O primeiro encontro dos dois foi num café em frente à escola em que ela dava aulas. Dali saíram direto para o pequeno apartamento onde ela morava no 11ème. Na verdade era um quarto espaçoso que ficava no sétimo andar. Tinha uma pia e um fogão elétrico. O banheiro era comum para os moradores do último andar e ficava do lado de fora.

Os carros não pararam de circular aquela noite. Da janela do quarto de Patrícia a cidade iluminada fervia. As paredes eram forradas com papel de parede listrados de azul e branco. Numa delas um pano indiano cor de cobre cobria quase toda a superfície. Nas outras três havia estantes transbordando de livros de arte: Picasso, Goya, Van Gogh, Modigliani, Bacon, Delacroix.

No chão um carpete cinza abrigava vários pequenos tapetes com motivos do Tibet. Um colchão no chão, nem de solteiro, nem de casal. Havia também uma escrivaninha com três gavetas, em cima dela um aparelho de som e uma cafeteira italiana. Os discos ficavam no chão, de pé. Marvin Gaye, Alice Cooper, David Crosby, Pink Floyd, Janis Joplin, Bob Dylan, Fela Ransome-Kuti e todos do Yes.

O quarto tinha também um espelho e uma cesta de frutas, metade eram tangerinas miúdas, a outra metade pinhas secas colhidas na Bretanha.

Soube disso tudo quando vi as fotografias, centenas de fotografias.

Desde que conheceu Patrícia, Nelson começou a fotografar o seu romance. Nas primeiras revelações ela estava com uma taça de vinho na mão direita e na esquerda segurava um disco do Yes, refletida no espelho, só de calcinha, rindo muito.

Patrícia colocando um disco no prato.

Detalhe da escova de dentes dentro de um copo em forma de ursinho.

A estante com livros de Foucault, Georges Perec, Aragon, Althusser, Tchekhov e Paul Verlaine.

O cigarro amassado no cinzeiro.

Patrícia meditando.

Comendo arroz com lentilhas no dia seguinte.

Uma fotografia mostrava claramente o detalhe do caramelo Carambar entrando na sua boca.

No primeiro fim de semana, Patrícia chegando ao Café de Flore feliz da vida, uma vida que eles decidiram tocar juntos.

As fotografias numeradas uma a uma eram um diário íntimo e mudo. As fotos eram feitas com uma Polaroid e quando ele resolveu me mostrar já eram quatro álbuns.

Patrícia pingando colírio nos olhos.

Dormindo abraçada a um elefantinho Babar.

Tomando banho.

A foto do exame de gravidez também estava lá. Um pequeno tubo de ensaio em cima de um livro de Seurat. Aquele anelzinho vermelho no fundo, sinal de positivo.

Depois veio a barriguinha crescendo.

Tinha ali um bom argumento para um livro que estava parado por pura preguiça. Quando enxergava pela frente o banal, puxava o freio. Acordar, escovar os dentes, trabalhar servindo o café-da-manhã para estudantes e operários, ler, recortar jornais, fazer amor, dormir. Isso não dava livro, mas quando vi as fotografias senti que poderia tirar do dia-a-dia um livro.

Com uma Asahi Pentax Spotmatic F dei o primeiro clic. Era uma fotografia do álbum *Two Virgins* em cima de um engradado de

plástico amarelo roubado de uma farmácia que funcionava no térreo do meu prédio.
Two Virgins!
Cada fotografia ganharia um pequeno título. O vinil estava intacto, havia sido escutado apenas uma vez. Era um disco para ouvir uma vez só, mas fechei a porta e escutei baixinho pela segunda vez.
John e Yoko!
Uma grande história de amor nas noites passadas debaixo de lençóis de seda em um hotel de Amsterdã, ele sussurrando para ela e ela para ele. Aquelas duas virgens tinham os corpos feios, a pele seca e branca, resultado de um rigoroso inverno britânico. Revelada, a foto até que ficou bonita.
A segunda fotografia foi um conjunto de seis caixinhas de correio encontradas no lixo. Ficaram lindas pintadas de vermelho. Eram seis portinhas, cada uma guardando seus segredos.
Não passei da sexta foto. Era um vaso com um tubérculo de tulipa holandesa. Depois de três semanas ali na janela o tubérculo estava brotando, mas só percebi observando atentamente a fotografia feita com uma lente macro. Era uma tulipa cor de vinho, que prometia ficar linda quando desabrochasse.

diário de bordo:
oriente médio

Os aviões começaram a sobrevoar Baalbek hoje cedo, quando estávamos no mercado central esperando Maged cobrir a panela com as esfirras quentes. No primeiro alarme ele passou um papel grosso embrulhando a panela, comentando que a sirene era apenas para testar se os habitantes estavam preparados para um ataque aéreo. O mercado é bonito, muito colorido e cheirando a curry. As pessoas passam aflitas carregando nas costas enormes balaios com uvas, laranjas, ameixas vermelhas, melancias e verduras.

Barulho, poeira, sujeira, buzina e nós, marcianos, caminhando pelas ruínas e cubículos onde o povo parece dormir com a roupa do corpo. O cheiro agora é de incenso e haxixe. Mulheres sem o charme sensual de um país tropical vivem embrulhadas em panos floridos e perfumados, sandálias de couro cru e olhar felino. As esfirras recheadas de carne de carneiro estavam deliciosas e a vida aqui no acampamento é, por enquanto, calma. Cabras pastam lá fora ruminando um capim ralo e seco nesse final de tarde. As primeiras estrelas pintando no céu rasgado por rastros de jatos supersônicos e alguns pardais gorjeando como os que lá gorjeiam. Outro alarme.

A primeira notícia do dia chegou na manchete do *L'Orient-Le Jour*, quando Maged colocava o chá na chaleira. A primeira página inteira contou que a aviação israelense bombardeou a periferia de Baalbek no início da noite de ontem, matando 33 pessoas. O barulho agora vinha das ambulâncias circulando aflitas e o povo pedindo sangue.

Arrumamos as mochilas, colocamos um pouco de coalhada num pote de vidro e pegamos a estrada para Trípoli, fortemente vigiada. O sol estava bonito e forte, batendo nas folhas das bananeiras que balançavam com o vento vindo do Norte. Cortamos rapidamente o asfalto para ganhar Trípoli, antes de Beirute. Paramos para colher algumas olivas. Trípoli é uma cidade amarela e muito quente nessa época do ano. Comemos uma *chawana*, um sanduíche de cordeiro grelhado, cebola, tomate e pepino, e bebemos um Crush

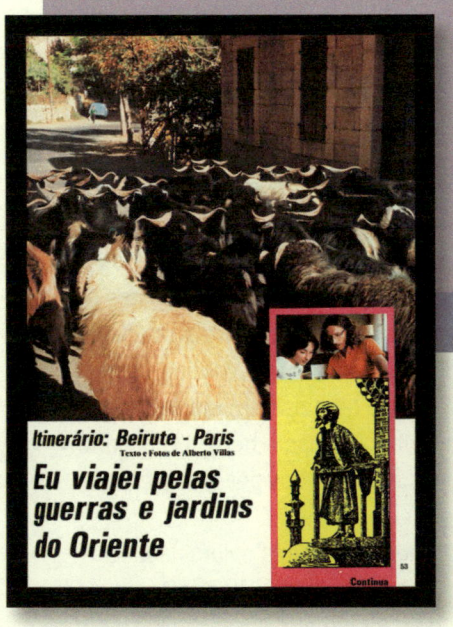

Sul do Líbano. No meio do caminho tinha cabras e ovelhas e um céu que não nos protegia dos bombardeios.

Itinerário: Beirute - Paris
Texto e Fotos de Alberto Villas
Eu viajei pelas guerras e jardins do Oriente

morno, tudo o que tinha naquele botequim escuro e pobre. Deir al-Balamand, Chekka – soldados – Batrum, Biblos – soldados – Jeita e finalmente Beirute.

Encontramos nosso quarto arrumado e limpinho na American Community School, de frente para um mar verde e calmo. Fomos dormir cedo e com medo. O barulho dos aviões cortando a noite de Beirute só foi amenizado pela voz de Maria Bethânia cantando *Esse Cara* num radinho de duas pilhas dependurado na janela.

Acordamos com o barulho de uma bolinha de pingue-pongue. Na cozinha, bebemos um Nescafé amargo e comemos um pão preto com geléia de laranja. Ping-pong-ping-pong. Dois soldados jogavam na sala ao lado e outros dois bebiam água gelada num bebedouro instalado nessa sala moderna, pintada de verde, amarelo e vermelho. Na porta estava escrito Love, claramente inspirado na obra de Robert Indiana.

O caminho do litoral é bonito. Fomos andando e engolindo aquele ar fresco por entre sacos de areia perfurados de balas, soldados sonolentos e tanques estacionados nos canteiros matando a grama. O fechamento do aeroporto estava nas manchetes dos jornais. Nossos sonhos e nossos ânimos ficaram por ali, jogados numa pedra lisa e comprida. As primeiras prostitutas passam ameaçadoras dentro de vestidos justíssimos de seda roxa. O mar continua batendo forte nas pedras, molhando os musgos que insistem em se agarrar a elas. Carregadores comem carne frita com pão e bebem cerveja. Um Impala pára, um velho grisalho nos examina dos pés à cabeça, ele quer nos levar. Para onde?

Abandonar Beirute. A jardineira é colorida e iluminada. Um menino sobe ligeiro os degraus da escada e vai ajeitando como pode as malas, as mochilas, as caixas de papelão e os sacos de linhagem no teto da jardineira. No interior, o forro é de papel de parede imitando pedra, uma verdadeira gruta, e no painel do motorista uma imagem de um santo guerreiro e duas lâmpadas vermelhas acesas. Decalques colados nas janelas enfeitam a jardineira de rosas, cravos, brasões, imagens de santos e jogadores de futebol.

Abrimos os olhos já era a Síria, sombreada por uma imensa floresta de pinheiros. Limpamos nosso cantinho dentro da jardineira e pusemos ordem na sacola de comida. O asfalto era impressionantemente negro.

Quando acordei, passei a mão no livro *Humberto Mauro, Cataguases, Cinearte* e comecei a ler. Sonhara que estava pedalando

Sobrevivente da Guerra do Líbano: Luluzinha falando árabe.

uma bicicleta toda decorada com flores de plástico pelas ruas escorregadias de Cataguases. A chuva caía forte sobre a cidade e a chácara de dona Catarina estava parcialmente coberta pelas águas. Teresa, num barco, tentava salvar minha coleção da revista *Realidade* e o *Álbum Branco* dos Beatles.

Uma placa de madeira indicava que estávamos entrando em Hama. Procuramos no mapa o nome da cidade e lá estava ele. Dois meninos entram na jardineira e oferecem chicletes, cigarros e pipoca doce, murcha e fria, vendida a granel. Esticar o corpo, tomar um pouco de sol. Uma galinha cisca animada a poeira em busca de algum grão. Mansa, gorda e cor de tijolo, ela nos olha cada vez que raspa o bico no chão. Sentamos um pouco numa cadeira azul-piscina ainda pensando em Beirute, nos bombardeios, nas crianças assustadas nos berços. Um rapaz levantou o vasinho com flores plásticas, passou um pano úmido na mesa, espantou os mosquitos e colocou na nossa frente dois pratos com arroz, feijão-branco e lingüiça.

Consultamos o mapa, conferimos e suspiramos: Capadócia! A jardineira foi descendo devagar as montanhas de pedra e engolindo as curvas. Bem longe avistávamos a Capadócia. Cantei baixinho a canção de Jorge Ben: "Jorge sentou praça na cavalaria...!" Salve Jorge de Capadócia!

Foram duas horas para recebermos permissão de pisar o solo turco. Na fronteira, revistaram nossos bolsos e abriram as mochilas, deixando nossas roupas comuns espalhadas pelo chão.

O próximo!

Os soldados iam gritando, procurando desesperadamente drogas nos embornais. Carimbaram duas folhas dos passaportes, colaram selos, riram dos meus cabelos longos. Partimos deixando nossas lembranças para trás. Não vamos guardar mágoas.

Os companheiros de viagem nos oferecem pão com lingüiça defumada e vinho de garrafão já cheio de farelos. Zé Osório, você precisava estar aqui conosco para completar o nosso sonho. Já enxergamos os topos das mesquitas de Istambul, lá no horizonte. Istambul vista assim de longe parece a embalagem dos sabonetes Madeiras do Oriente.

Istambul é uma cidade que cheira a zinabre, cheia de mistérios e fumaça. Vejo pessoas enroladas em panos cor de laranja, garçons circulando pelas ruas estreitas carregando bandejas de chá fumegante. Estamos no meio dos *freaks*, velhos hippies com suas latas de cerveja nas mãos. No centro da cidade, dentro de um parque misterioso, patos nadam num lago sujo e gaivotas fazem vôos rasantes em busca de peixes. Avisto uma pequena estação do Serviço de Meteorologia, toda pintada de verde, certamente anunciando bom tempo. Suthane Parki dreams forever!

Nosso hotel fica em frente à mesquita Sultan Ahmet Camii.

Na porta, um velho tenta nos convencer a comprar uma flauta, todas muito lindas. Pergunto o preço e ele diz que é 10, não importa se dólares, francos ou türk lirasi. É 10. Ele nos ensina os primeiros acordes e ensaia um trecho de *What a Wonderful World*.

Acordamos com o barulho dos pombos caminhando sobre as telhas e o calor de um sol quente entrando pelos buraquinhos da cortina e refletindo no teto. Conhecer as ruas, procurar o mar. Almoçamos arroz, quiabo, feijão-preto, pimentão recheado, pão sovado e tomamos um copo de arak, uma bebida à base de anis, fortíssima. Comendo quiabo cheio de baba me senti em Belo Horizonte sentado à mesa com meu pai, minha mãe e meus quatro irmãos.

É verdade que os passarinhos voavam livres quando Maria Estela chegou com um embornal feito de pano creme, alguns incensos e um maço de papéis debaixo do braço. Ela apontou as gaivotas que também flutuavam no ar e nos convidou a viver como elas em sua comunidade. Lá não faltava nada, cada um semeava seu trigo, colhia seu pão. Maria Estela tomou chá conosco, tocou flauta e voou novamente para seu acampamento, uma ilha de tranqüilidade e fantasia.

Há dois dias e duas noites estamos aqui parados em frente a essa agência de viagens, esperando o ônibus que nos levará de volta a Paris. Deveria ter partido na quinta-feira de manhã e já estamos no sábado, 38 graus à sombra. A agência é uma sala de paredes amarelas, chão cimentado e uma velha mesa sem gavetas com um cinzeiro de lata em cima.

Ninguém informa nada, sabemos apenas que o nosso ônibus pode estacionar a qualquer momento. Os turcos estão tranqüilos, tomando chá. Nosso dinheiro está chegando ao fim e nossa comida é pouca. Pedersen é um holandês forte e sem paciência e Jean é um francês tranqüilo. Apelidamos de Lobão um turco de gestos abrutalhados que emigrou nos anos 60 para a Alemanha, onde trabalha encontramos uma Istambul cheirando a zinabre, cheia de mistérios e fumaças. Surpresa: aqui se come quiabo como em Belo Horizonte.

numa fábrica de peças para automóveis, apertando parafusos e cromando calotas. Adi, um indiano pele e osso, usa um terno azul de linho bem amarrotado.

Um ônibus vem balançando vagarosamente e encosta. Todos aplaudem. Entramos. Lobão bate com as mãos em sua poltrona, para tirar a poeira, e Pedersen está espalhado no chão perto de um balaio com frutas. Pisam no seu cabelo e ele grita: *"Cow!"* As crianças foram para o fundo e só agora percebo que faltam vidros em duas janelas. Uma hora depois ele foi saindo lentamente e 40 minutos à frente parou. Estamos estacionados num acostamento curto e perigoso. O motorista abre o capô e examina o motor, espera um pouco e decide continuar. Nossa viagem termina exatamente na porta da agência de viagens em que começou, onde ficamos quase três dias parados. Descem as bagagens.

Estamos sem banho há quatro dias e nosso aspecto é o pior possível. Temos a pele coberta de pó e os cabelos duros. De repente, Pedersen desaparece num Buick. Disseram que foi tomar o Expresso da Meia-Noite. Jean sai em busca de água mineral enquanto Adi ecoa nosso desespero: *"My God!"*

Pedersen voltou na manhã seguinte com o cônsul da Holanda a tiracolo, um senhor magro e grisalho, muito alto. Chegou estendendo a mão, cumprimentando um a um. Aqui não tem gerente e a lei é a do cão. O cônsul holandês ia saindo pra tomar alguma providência quando um ônibus verde e branco apontou e veio se dirigindo a nós. "Esse não é o de vocês! Ele vai para Munique e a passagem de vocês é para Paris!", gritou o único homem que cuidava da agência. Mesmo assim invadimos o ônibus.

Duas mulheres elegantes, com saias plissadas e blusas de banlon começam a fazer um discurso dentro daquele ônibus confortável

FRAGMENTOS DA VIDA REAL

e fresco. Creio que explicaram o percurso da viagem. Um homem de barbas ruivas entrou e perguntou o destino de cada um. Dependendo da cara do freguês ele jogava um punhado de notas turcas nas mãos, como se fosse uma indenização. O ônibus começou a andar, sempre devagar, e depois pegou velocidade rumo a Sofia.

Estou num banheiro na fronteira entre a Turquia e a Bulgária. Um belga ao meu lado faz a barba. Estamos aqui há seis horas esperando a burocracia liberar nossos documentos. As árvores desse lugar são baixas e muitas pessoas estão acampadas em barracas amarelas. Fomos obrigados a trocar 6 dólares por moeda búlgara, que só tem valor dentro do país. Como atravessaremos a Bulgária, gastamos o dinheiro todo aqui, comprando algumas caixas de biscoitos tipo Mirabel, barras de chocolate amargo e maços de cigarros. Oito horas para que o ônibus começasse a funcionar novamente. Lavamos o rosto com água morna, mas nosso corpo está inteiramente moído.

Lá fora aparecem os primeiros painéis vermelhos com as figuras de Lenin, Marx e Engels. É muito emocionante ver essa paisagem, mas onde estão as pessoas deste país? As cidades do interior da Bulgária são limpas, organizadas, frias e iguais. Haskovo, Plovdiv, Pazardzhik. É um país comunista e eu estou aqui comunista comendo biscoitos búlgaros e bebendo água mineral sem gás.

O ônibus agora ia ligeiro, engolindo as estradas, quando começa a tocar no rádio *Tico-Tico no Fubá*, na gravação original com a Orquestra Colbaz. Não foi possível segurar a barra, nossos olhos se encheram de lágrimas, porque afinal de contas o tico-tico estava cá, comendo todo todo o meu fubá.

O comunismo foi ficando para trás e agora entramos num país socialista. Quando cruzamos Krusevac, um grupo de jovens vestindo terno e gravata bebia cerveja e jogava fliperama. As mulheres da Iugoslávia saem cedo das fazendas levando duas vacas presas por cordas no pescoço e um livro debaixo do braço. Sentam em grossos troncos de madeira e passam boa parte da jornada ali, lendo e vigiando suas vacas. Na pracinha de Zagreb vimos os primeiros namorados abraçados e uma bandinha tocando dobrados.

O caminho de casa. No início da tarde, paramos mais de duas horas num restaurante bonito, todo de pedra, bem no coração da Áustria. Dois leitões assados rodavam num forno feito de tijolos aparentes escuros enquanto comíamos um sanduíche de salsicha provavelmente tipo Viena. A próxima parada é Munique e ainda não sabemos como vamos chegar a Paris. Um passageiro foi barrado na fronteira austríaca e seu lugar no ônibus está ocupado por uma caixa de papelão da AEG. Lobão parece animado com a Alemanha tão perto, se sentindo em casa.

O tempo começa a fechar, as primeiras nuvens negras cobrem o céu. Quando entramos em Munique, chovia e os carros desfilavam pelas ruas, fazendo aquele barulhinho típico, enquanto os sinais abriam e fechavam num vermelho e verde brilhantes. Fomos deixados no centro da cidade. Descemos, abrimos o mapa para consultar que lado seguir rumo a Paris. Estávamos ainda muito longe e a chuva molhava e destruía o mapa.

Parou uma Kombi verde que vai nos dar carona até Stuttgart. O professor americano nos explica que não gosta muito de parar para estranhos, esse tempo já passou. Mas confessa que achou que temos uma cara boa. Lutamos contra o sono e o cansaço. No final da noite paramos num restaurante já perto de Stuttgart. Ronald nos pagou um chá quente e um pão doce recheado com creme que parece um sonho. Na hora do adeus ele ainda nos deu três peras maduras e um forte abraço.

O frio aumentou. Stuttgart é uma cidade como muitas outras da Alemanha. Nosso dinheiro deu para comprar uma passagem de trem para Paris e ainda sobraram uns trocados para um caneco de chope e um sanduíche com duas salsichas brancas. Aqui na estação vimos alguns soldados se comunicando com radinhos. Tudo em ordem. Os outdoors anunciam os escândalos do *Bild Zeitung*. O trem sai no horário exato, é bonito e muito confortável. Lá fora a neblina cobre os campos porque vem aí o outono.

Os trilhos foram ficando para trás e Paris amanheceu ainda em flor, talvez as últimas do verão. Os pombos comem no chão da estação e um guarda lá fora controla o trânsito.

Depois de amanhã tenho de acordar de madrugada e preparar o café-da-manhã para operários e estudantes. Maged, espero que tenha sobrevivido aos bombardeios que destruíram Beirute, e, Maria Estela, vamos esperar que um dia venha nos ver. Lobão deve estar apertando parafusos e cromando calotas, enquanto Pedersen compra tulipas para enfeitar sua casa.

Debaixo da nossa porta muitas cartas, contas e uma revista *Veja* estampando na capa a revolta dos peões em Belo Horizonte. Eu quero ir minha gente, eu não sou daqui.

organizando
o movimento

Vocês querem pegar a parada de ser correspondentes do jornal *Movimento* em Paris? O convite feito por Jair de Souza chegou na hora certa. Em poucos minutos Aureliano Biancarelli já tinha

> Nasce um movimento disposto a derrubar a ditadura e defender o Brasil.

pelo menos cinco idéias de pauta. Foi no apartamento do Jair que tomamos a decisão de topar.

Ele tinha na casa dele um folheto que explicava os sete objetivos principais do jornal que acabara de nascer:

1. Apresentar, analisar e comentar os principais acontecimentos políticos, econômicos e culturais da semana.

2. Descrever a cena brasileira, as condições de vida da gente brasileira.

3. Acompanhar a luta dos cidadãos brasileiros pelas liberdades democráticas.

4. Pela melhoria da qualidade de vida da população.

5. Contra a exploração do país por interesses estrangeiros.

6. Pela divulgação dos reais valores artísticos e culturais do povo.

7. Pela defesa de nossos recursos naturais e por sua exploração planejada em benefício da coletividade.

Um texto poético de Raimundo Rodrigues Pereira contava um pouco a história da revista *Realidade*, do jornal *Opinião* e da editora Arte & Comunicação. Raimundo passeava pela aventura que foi editar

Um metalúrgico convida o povo a assinar o *Movimento*. O sonho estava apenas começando.

POR QUE ASSINAR MOVIMENTO?

LULA, líder metalúrgico

"Acho que o jornal MOVIMENTO significa hoje algo como a democracia, como a liberdade que a gente tanto espera que haja, que a gente tanto aspira. Porque num país onde a imprensa está amordaçada ao poder econômico, num país onde a imprensa está na mão das elites, na mão da burguesia nacional, é sempre importante que haja uma imprensa livre, uma imprensa independente, como é o caso de MOVIMENTO. Eu acho que a existência do jornal MOVIMENTO é a própria esperança de que um dia haverá democracia nesse país."

a revista *Bondinho*, *Grilo*, a *Revista de Fotografia* e um tablóide em papel jornal chamado *Jornalivro*, que ao preço de 1 cruzeiro estava levando aos brasileiros as obras de Monteiro Lobato, Machado de Assis, Dostoievski, Mário de Andrade, Eça de Queiroz, Gabriel García Márquez e tantos outros. Uma revolução!

O conselho editorial do *Movimento* que nascia era formado por sete personalidades democráticas já definidas: Francisco Buarque de Hollanda, Edgard da Mata Machado, Fernando Henrique Cardoso, Hermilo Borba Filho, Audálio Dantas, Alencar Furtado e Orlando Villas-Boas.

Faziam parte da redação: Aguinaldo Silva, Antônio Carlos Ferreira, Bernardo Kucinski, Elifas Andreato, Fernando Peixoto, Francisco de Oliveira, Francisco Pinto, Jean-Claude Bernardet, Marcos Gomes, Maurício Azedo, Raimundo Rodrigues Pereira e Teodomiro Braga.

O sonho estava apenas começando. Tomamos um café forte no apartamento do Jair e no final da tarde, início de noite, descemos as escadas animados, eu e Aureliano. Já no dia seguinte marcamos uma reunião na minha casa para traçarmos os planos, que eram muitos. O primeiro era entrevistar os políticos exilados. Começamos a fazer uma lista: Leonel Brizola, Miguel Arraes, João Amazonas, Fernando Gabeira... Queríamos também ouvir os artistas, os filhos do exílio, as feministas.

No primeiro fim de semana lá estávamos nós na Maison de La Mutualité junto com 100 mil pessoas, que perguntavam: qual a função da mulher na sociedade, capitalista ou não? Fomos cobrir o Encontro de Mulheres Latino-Americanas e constatamos que estavam prontas para a luta.

Ficou combinado assim: não teríamos salário. A equipe em São Paulo nos mandaria toda semana 250 exemplares do jornal, que seriam postos à venda na Livraria Portuguesa, e o dinheiro seria nosso. A grana arrecadada com as assinaturas na Europa também cairia na nossa conta. Duas semanas depois o cupom de assinatura no jornal já trazia a seguinte informação: "Se a assinatura for feita na Europa, enviar para conta postal CCP 1202254-D – M. Villas, Paris, França".

Fui até uma máquina na Gare de Lyon e tirei uma fotografia. Coloquei-a num envelope e mandei para o jornal, que ficava na rua Dr. Virgílio de Carvalho Pinto, 625, em São Paulo. Quinze dias depois minha carteira de correspondente em Paris chegou.

soltando os cachorros

Estávamos na sala de uma casa de campo quando ela chegou. Toda de branco, uma calça colada ao corpo e os peitinhos pequenos furando a blusa de algodão. Ouvi alguém sussurrando:

É essa que transa com cachorros!

Não acreditei. Fiquei observando. Estava esparramada no sofá de couro com o par de botas em cima da mesinha de centro, conversando animadamente, convocada para preparar um cuscuz marroquino para os exilados brasileiros. Como poderia aquela morena cativante transar com cachorros?

Vi as fotos dos bichos que passavam de mão em mão. Eram dois buldogues negros, olhos arregalados, orelhas curtas e as línguas de fora. Brincavam com ela num gramado tentando morder uma bola de plástico colorida.

Ela foi para a cozinha.

Sêmola, abobrinha, nabo, cenoura, grão-de-bico, carne de carneiro, coxas de franco e *merguez*, uma lingüiça fina e avermelhada com forte sotaque africano. O cheiro de especiarias era ótimo.

Peguei uma conversa atravessada sobre loucuras que as pessoas fazem quando crianças. Eu contei duas, uma nunca realizada: jogar dentro de uma piscina uma gaiola com um casal vivo de periquitos. A outra eu fiz: coloquei no congelador um copo com três peixinhos vermelhos vivos.

Ela contou que um dia amarrou o rabo de dois cachorros, mas não falou de sexo.

Fiquei durante dias e dias sentindo aquele forte odor de *harissa* que apimentou o cuscuz. Imaginando os pobres periquitos se debatendo no fundo azul da piscina, as penas subindo, boiando, e a aflição dos peixinhos ao sentir a temperatura caindo até o congelamento. O momento exato da morte.

Não me saíram da cabeça a cama confortável, o dobro do tamanho das normais, seis travesseiros de penas de ganso, uma mulher marroquina e dois cachorros. Ao invés de Ravi Shankar e Django Reinhard, a música árabe de uma nota só.

Anotei num pequeno papel cor-de-rosa apenas duas palavras: marroquina/cachorros. E joguei dentro de uma pasta de cartolina junto com várias anotações: Baader. Pasolini. Aldo Moro. Sandino. Patricia.

Eu estava lendo *Cantos de Revolução* quando Manuel Domingos Neto bateu na porta.

É amanhã a entrevista com João Amazonas para o jornal *Movimento*!

Decidi sair da literatura para entrar no jornalismo.

o encontro marcado

O dia era 7 de julho, um sábado. O despertador tocou às 5 horas em ponto. A noite passou silenciosa e muito quente. Não havia a neblina de todas as manhãs e o céu estava azul. Tomamos um copo de leite com torradas forradas de mel.

Não demorou muito estávamos dentro de uma camionete Peugeot D4B com as janelas cobertas por cortinas de flores verdes e vermelhas. No banco da frente o motorista e o co-piloto, dois homens fortes usando camisetas brancas, não falaram nada. Eu e Manuel nos instalamos na parte de trás da Peugeot, em almofadas espalhadas por todos os cantos. Fazia muito calor ali dentro.

Durante uma hora e meia percorremos caminhos desconhecidos. Retas e curvas eram só o que sentíamos. O rádio sintonizado numa emissora de notícias informava que os aeroportos funcionavam normalmente, mas as auto-estradas nem tanto. Um acidente fatal no quilômetro 46. Três mortos.

A meteorologia anunciava que o calor ia aumentar ainda mais no mês de agosto, o maior calor dos últimos 21 anos. Por duas vezes o co-piloto nos ofereceu uma garrafa de Contrex. Na primeira vez aceitamos, mas na segunda não, a água já estava praticamente quente.

A camionete pegou uma estrada de pedra, foi o que sentimos. As pedrinhas estalavam na lataria e incomodavam cada vez mais. Percebi que saímos da cidade grande, que estávamos a caminho do interior. Ali não havia o coaxar dos sapos, o ranger dos carros de boi nem galo cantando. Ouvíamos apenas o silêncio do vento e um som contínuo como se fosse um disco de Philip Glass.

A camionete parou, as portas se abriram. Estávamos diante de uma casa simples, imaculadamente branca. Batemos na porta e entramos. A luz da sala estava acesa apesar da claridade que vinha lá de fora. Havia dois sofás de couro marrom, uma mesa de centro, um telefone preto, um pôster na parede. Era um retrato de operários marchando de braços dados ou não. No canto, um saco de linhagem cheio de jornais *O Estado de S. Paulo* ainda não lidos, chegados recentemente por via marítima.

O cheiro forte de café vinha lá de dentro, certamente café do Brasil.

João Amazonas, o líder exilado do Partido Comunista do Brasil, entrou na sala devagar, nos cumprimentou secamente e perguntou para qual jornal iria falar:

Movimento!

Ele perguntou se não íamos tomar o café. Tomamos e a conversa começou depois que demos *play* num velho gravador.

João Amazonas, líder do Partido Comunista do Brasil, estendeu a mão e perguntou: "Aceita um café?"

FRAGMENTOS DA VIDA REAL

Durante duas horas ouvi histórias e mais histórias. Algumas de horror. Soldados que tentavam tirar dos presos políticos informações com um alicate que lhes arrancava as unhas por inteiro.

Presos políticos que passavam até duas semanas com a água misturada à merda nos joelhos.

O medo.

A coragem.

As armas.

Os aparelhos.

O nosso país.

Um Brasil que mergulhou nas trevas e me trouxe até aqui. Tive vontade de vomitar quando soube da história do bebê torturado na frente da mãe.

Animais!

João Amazonas posou para as fotografias no quintal da casa, fez questão de encostar-se à parede branca, perto de um tanque. De maneira alguma queria que o lugar fosse identificado. Sugerimos que ele ficasse debaixo de um pessegueiro em flor. Não quis.

"Vão dizer que já estou colhendo os frutos!"

Não era ainda meio-dia quando fomos embora. Cheguei em casa e esquentei uma *ratatouille* que estava em cima do fogão. A abobrinha tinha um gosto amargo de legume dormido.

Na mesma noite liguei o gravador e fui fazendo anotações para a reportagem de capa do jornal *Movimento*.

"Os trabalhadores aspiram a ter seu próprio partido. É uma aspiração justa. A classe operária precisa se organizar de maneira independente, ter seu partido de classe, que não se confunda nem se misture com outros estratos sociais."

"Estou longe do país, mas acompanho com vivo interesse o

desenvolvimento do movimento operário, uma vez que considero o proletariado, objetivamente, como a classe mais revolucionária da sociedade brasileira."

"Eu sou de um partido revolucionário, que se guia por uma teoria revolucionária, o marxismo-leninismo. Essa teoria mostrou cientificamente e há muito tempo que todo o processo da evolução social se faz através de encarniçadas lutas de classe, recorrendo-se à violência revolucionária para esmagar a violência contra-revolucionária."

"O Partido dos Trabalhadores se projeta como um partido reformista, parecido com o partido de Leonel Brizola."

"O imperialismo mudou de tática depois que se viu livre do medo do comunismo."

"O povo brasileiro só se libertará se sacudir o país revolucionariamente."

"Estou decidido a voltar ao país e espero voltar legalmente, o mais breve possível, para continuar o combate unitário pela derrocada da ditadura."

meu caro amigo

Era um sábado, 11 de dezembro. A cidade amanhecera coberta de neblina. Aos poucos, o dia foi clareando, me permitindo enxergar caixas empilhadas com enormes alcachofras, tomates em cachos e vistosos pimentões roxos na feira lá embaixo. Foi nesse cenário que fui convocado pelo jornal *Movimento* a entrevistar o diretor de teatro Augusto Boal, de passagem por Paris.

Há quatro dias a morte de João Goulart não saía da minha

cabeça. Um ataque cardíaco fulminante pegara de surpresa o ex-presidente da República que descansava na varanda de sua fazenda em Mercedes, na Argentina. Como pôde Jango morrer assim tão de repente, aos 58 anos, sem ter voltado jamais ao nosso país? Naquele meu exílio voluntário, a idéia de nunca mais voltar ao Brasil me enchia de angústia e medo.

Lembro que fui até a máquina Lettera portátil e, procurando não fazer barulho naquela madrugada fria e silenciosa, escrevi um pequeno poema intitulado "Jango", que mandei para o *Suplemento Literário do Minas Gerais*.

"A terra que sonhavas regressar
Foi-se
O sonho comunista
Foice."

Tomei um café reforçado naquela manhã de sábado. Leite Candia, pão integral, queijo de cabra e meio *pamplemousse*. Peguei o ônibus 91, que liga a Bastilha à estação de Montparnasse, e fui ao encontro de Augusto Boal. Levava dentro de uma bolsa de couro cru, comprada no final dos anos 60 no Mercado Modelo de Salvador, uma caderneta de capa vermelha, uma caneta Bic e um gravador portátil. Levava também uma preciosidade: uma fita K7 da Basf, alaranjada, que havia chegado do Brasil dois dias antes. Aquela fita veio pelo correio da tarde e foi recolhida da caixinha de carta por volta das 9 da noite, quando cheguei do trabalho. O meu trabalho de ajudante de cozinha era descascar batatas, temperar linguados, amassar pães, picar cebolas e, às vezes, chorar de saudade, do sol dourado, das coisas do meu país, do *Pasquim*. Principalmente quando chegavam cartas e fitas do Brasil.

Foi nessa fita K7, numa gravação caseira, que ouvi pela

primeira vez aquela mensagem, entre um copo de vinho e outro. Impossível não me emocionar. Quando soube que aquela carta em forma de canção era para Augusto Boal, acreditei naquelas coincidências que muitas vezes pipocam na vida das pessoas. De repente, lá estava eu naquele ônibus verde, olhando pela janela a cidade cinza, rumo a Gobelins. Passei pelas estações de Lyon, Austerlitz e finalmente cheguei a Les Gobelins.

    Desci e me enfiei por aquelas ruelas à procura do hotelzinho onde estava hospedado o diretor do Teatro do Oprimido. Rue Dumeril, Banquier, Rubens, Pirandello. Hotelzinho é modo de dizer. Boal estava hospedado num charmoso hotel três estrelas, a cara de Paris. Uma portaria rococó com um leve cheiro de cânfora no ar, escada com tapetes vermelhos e, em cada andar, jarros de porcelana chinesa com flores de papel crepom.

    Boal autorizou minha subida e lá fui eu, degrau por degrau. Bati na porta e fui atendido por um homem que tinha a cara da Golda Meir. Era Augusto Boal em carne e osso. Entrei, falamos rapidamente do frio lá fora e começamos a entrevista. Não sabia que ele era químico. Foi me falando de sua vida desde *Arena Conta Zumbi*, passando por *Arena Conta Tiradentes*, *Arena Conta Bahia*, até chegar ao Teatro do Oprimido.

    Boal era um exilado cheio de idéias e muito trabalho pela frente. Acabara de chegar da Bélgica, onde espalhara por todo o país um teatro que me fascinava desde os tempos dos festivais de inverno em Ouro Preto, tempos de Julian Beck e Judith Malina. Dentro de um supermercado, ele criava situações e, num piscar de olhos, donas-de-casa, operários, bancários, telefonistas, caixas e gerentes estavam ali no palco da vida, no centro das atenções. Era assim que gostava de ver. Teatro sem palco, mas com platéia.

Depois de mais de duas horas de conversa, resolvi contar a Augusto Boal que trazia dentro daquela sacola de couro uma preciosidade, uma mensagem para ele. Peguei a fita K7 e enfiei no gravador. Dei *play* e ela começou a rodar.

"Meu caro amigo me perdoe, por favor
Se eu não lhe faço uma visita
Mas como agora apareceu um portador
Mando notícias nessa fita.
Aqui na terra estão jogando futebol
Tem muito samba, muito choro e rock and roll
Uns dias chove, noutros dias bate sol..."

A entrevista para o jornal *Movimento* foi inteiramente censurada. A gravação da entrevista acabou se perdendo, mas a música entrou para a nossa história.

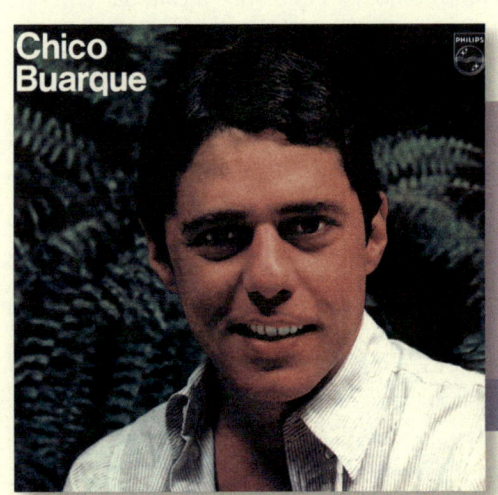

Chico Buarque mandou para Augusto Boal notícias frescas neste disco.

25

O primeiro encontro com Zé Celso Martinez e Celso Luccas foi numa Paris coberta de neve. Os dois estavam encolhidos de frio andando pelas ruas tortas de uma cidade linda e triste. Falamos do Brasil, da saída, do Portugal que encontrou pela frente e das andanças pela África. Falamos principalmente do filme 25, um documentário sobre a libertação de Moçambique.

O segundo encontro foi nos estúdios do Instituto Nacional de Audiovisual. Zé Celso estava um pouco nervoso ao telefone, resolvendo problemas de última hora. Celso Luccas falava baixinho e olhava atentamente as fitas.

Ele começou a mostrar as cenas que gravou em Maputo na porta do cine Scala, no dia da estréia de 25. Aparecem as primeiras imagens coloridas, uma rua tropical, um sol forte que castigava a sujeira jogada nas ruas. A primeira imagem mostra a porta do cinema em que negros e brancos se misturam esperando a hora e a vez de comprar o ingresso. A câmera acompanha a fila, focaliza um, outro, continua andando. Vira a esquina, percorre a rua inteira, dobra outra esquina. Mais gente. Até que pára.

Celso Luccas aumenta o som.

– Por que o senhor está na fila?
– Eu tô aqui pra cumprare o ingresso.
– O senhor costuma sempre entrar em filas?
– Entro pra cumprare o minduim, o arroiz, o açúcar.
– O senhor vem sempre ao cinema?
– Não sinhori, é a primeira vez.

Celso ri das cenas, do sotaque lusitano, do jeito simples de falar.

Zé Celso conta que saíram do Brasil quando sentiram que o ambiente estava carregado, sem possibilidades para realizar bons trabalhos. Foram para Portugal com todo o grupo Oficina-Samba, com aquela sede de ver um país renascendo das cinzas. Montaram *Galileu Galilei*, juntou a fome do Oficina com a vontade de comer do povo livre da ditadura.

Quando foram trabalhar na televisão portuguesa descobriram muito material inédito e começaram a catalogar tudo, sabendo que um dia poderiam precisar dele. Chegaram para realizar um filme chamado *O Parto*, um documentário que começa com os preparativos de um parto. Interromperam a cena e passaram a mostrar todo o processo da Revolução dos Cravos. Eles tomaram como base três efes que reinaram durante 50 anos em Portugal: futebol, Fátima e fado. No ápice vem o desfecho, uma criança nascendo. A primeira criança gerada com o fim do fascismo, nove meses depois do 25 de Abril.

Zé Celso e Luccas estavam em Portugal sentindo que a independência de Moçambique se aproximava, estava esquentando. Acompanhados de três operadores da televisão portuguesa pegaram um avião e voaram para Moçambique para filmar todas as cenas da libertação. Envolvidos pelo clima do país, do seu povo e sua revolução, resolveram ficar. Um dia os operadores portugueses voltaram, e os dois não.

Começaram a gravar e quando abriram os olhos já tinham oito horas de fita. A partir do número 25 resolveram montar o filme. Eram muitas as coincidências em torno desse número: 25 de junho de 1962 foi a fundação da Frente de Libertação de Moçambique, 25 de setembro de 1964 começou a luta armada, 25 de abril de 1974 caiu o fascismo português e no dia 25 de junho de 1975 chegou a independência de Moçambique.

cine versus apresenta 25

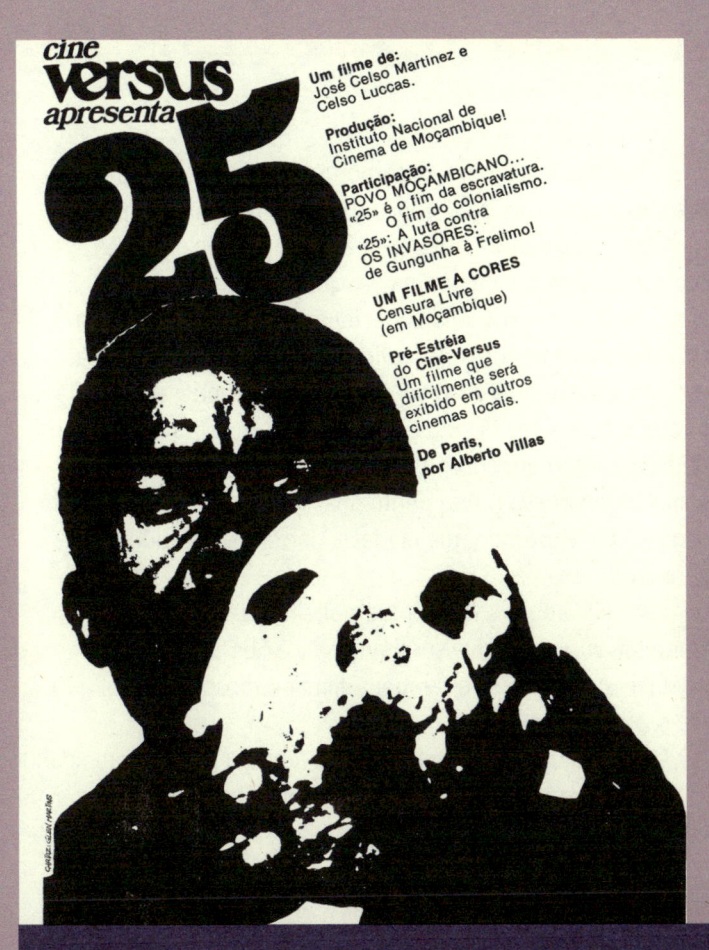

Um filme de:
José Celso Martinez e Celso Luccas.

Produção:
Instituto Nacional de Cinema de Moçambique!

Participação:
POVO MOÇAMBICANO...
«25» é o fim da escravatura.
O fim do colonialismo.
«25»: A luta contra
OS INVASORES:
de Gungunha à Frelimo!

UM FILME A CORES
Censura Livre
(em Moçambique)

**Pré-Estréia
do Cine-Versus**
Um filme que dificilmente será exibido em outros cinemas locais.

**De Paris,
por Alberto Villas**

Nas páginas do jornal *Versus* o grito de Zé Celso: "A revolução não pode esperar!"

O filme ficou com quatro horas, depois reduzido a duas e meia. Levaram o rolo para Cannes, e todos bateram palmas.

Zé Celso contou que quiseram filmar a alegria guerreira do colonizado que se descoloniza, que aprende a fazer a revolução. Mostraram uma zona liberada, as sementes de um novo Moçambique, uma nova vida que começa. Disse que as dificuldades foram muitas, tiveram até de esconder o filme dentro da roupa, com a reviravolta em Portugal. A televisão portuguesa que havia encomendado o trabalho na época boa o rejeitou porque incomodava muita gente, mas o governo moçambicano chegou à conclusão de que ele fazia parte do patrimônio cultural do país.

A idéia agora é voltar para trabalhar nas aldeias comunitárias, as vilas que surgiram após a libertação. Vão trabalhar com videoteipe também, filmar e mostrar o resultado para o povo na hora.

"A revolução não pode esperar!", gritou Zé Celso, me dando um abraço e partindo. Se o destino é Moçambique, não sei.

o massacre
da lapa

A China perdeu Mao Tsé-tung e Chou En-lai e prendeu Chiang Ching, a viúva do Mao. O socialismo chegou a Portugal pelas mãos de Mário Soares. O mistério foi desvendado com a morte de Agatha Christie. A ditadura chegou à Argentina pelas mãos de ferro de um general chamado Jorge Rafael Videla.

Aqui perdermos André Malraux. O Brasil ficou sem dois ex-presidentes: O exilado João Goulart, vítima de um enfarto fulminante em sua fazenda em Mercedes, e o cassado Juscelino Kubitschek, que morreu no meio do caminho, entre São Paulo e o Rio de Janeiro.

Nos Estados Unidos, o doutor Lee Taylor, do Conselho de Qualidade Ambiental, alertou o mundo: "Se não dermos um basta ao massacre de animais, em 30 anos o homem será o único mamífero da face da Terra". Em Toronto, um grupo de esquimós fez um protesto exigindo 64 milhões de hectares de terra do Canadá.

Mas 1976 terminou com uma notícia trágica.

Foi perto do Natal, bem cedinho, 7 horas da manhã. Era quinta-feira 16 de dezembro quando um grupo de policiais invadiu uma casinha cinza de número 767 na rua Pio XI, no bairro da Lapa, em São Paulo. Armados até os dentes com metralhadoras, carabinas e revólveres, estavam prontos para matar. Foram 20 minutos de tiroteio, de massacre.

A casa vinha sendo vigiada por 40 agentes do DOI havia três meses, minuciosamente vigiada. Quando entraram foi mesmo para eliminar. Mataram Pedro Ventura de Araújo Pomar, de 63 anos, e Ângelo Arroyo, de 48, dirigentes do Partido Comunista Brasileiro. O terceiro, João Batista Franco Drummond, morreu atropelado ali perto, depois de conseguir fugir do cerco da ditadura.

Os muros de Paris amanheceram cobertos de cartazes reproduzindo fotos em preto e branco de Pomar, Arroyo e Drummond. Todas perfuradas por balas de metralhadora. *"Le Massacre de Lapa"* foi escrito em letras garrafais em vermelho, cor de sangue.

meu primeiro amor

Ela estava de pé folheando livros de poemas revolucionários na primeira estante à direita da Livraria Portuguesa. Eu, maltrapilho, usava uma blusa de lã por cima de uma blusa de lã por cima de outra blusa de lã. Entrei na livraria arrastando um carrinho de feira transbordando de jornais *Movimento*. Comemorávamos os dez anos do maio de 68.

Nara Leão havia sido a minha primeira paixão, em plena adolescência. Era um amor imaginário que me fazia correr para a frente da televisão toda vez que aparecia, com um vestido tubinho, sempre quatro dedos acima dos joelhos. Os joelhos de Nara Leão eram uma das coisas mais famosas e eróticas da época, e eu ficava apaixonado por eles. Ela com aquele jeitinho todo seu, cantando o primeiro sucesso de Chico Buarque, o primeiro sucesso de Sidney Miller, e eu lá em Minas, vendo a banda e o circo passar.

Agora eu estava ali diante da musa no coração de Paris. Ela estava toda coberta, com um casaco preto até os pés, um chapéu de lã e um cachecol cinza pra afugentar de vez aquele vento europeu que vinha furioso na contramão da rue des Écoles. Fui correndo até as estantes de vinis e procurei desesperadamente um dela para fazer um agá. Por sorte ali estava o disco *Meu Primeiro Amor*. Não pensei duas vezes e me apresentei. Era correspondente do jornal *Movimento*, do *Versus*, do *De Fato*, da revista *Inéditos* e queria um autógrafo e uma entrevista com ela.

Tímida, ela me falou apenas algumas palavras bem baixinho: "Querido, hoje mesmo estou voltando pro patropi. Quando voltar a Paris, te procuro". Deixei o meu endereço, mas, antes, pedi o autógrafo na capa do disco. "Nesse frio de Paris deixo um abraço quente e afetuoso ao amigo desconhecido." Assim nos despedimos. Ela foi embora levando debaixo do braço um livro de poemas de Ernesto Cardenal. Saí dali e vi Nara pela última vez deslizando pelas ruas do Quartier Latin, com toda a sua bossa, sempre nova.

nasceu julião!

Jamais gostei de sangue, o máximo que conseguia era colocar singelos band-aids em pequenos cortes nos dedos. E todas as minhas experiências com sangue podiam ser contadas nos dedos de uma mão.

Escondidos no pequeno apartamento da rue de la Roquette, eu e minha mulher preparávamos a nossa pequena revolução: ter o primeiro filho na maternidade de Lilas, onde o doutor Frédérick Leboyer começou suas experiências de parto natural. O sonho de ver um filho nascer em paz, sem anestesia e sem violência, não tinha acabado.

Lilas era uma maternidade fora do comum. Funcionava no casarão de número 14 da rue du Coq-Français, na cidadezinha de Lilas, bem perto de Paris. Não tinha o aspecto de um hospital convencional, com aqueles corredores enormes azulejados de branco.

O primeiro encontro no hospital, nunca esquecemos. Mães barrigudinhas reunidas numa pequena sala do terceiro andar estavam ansiosas e os pais eufóricos, todos com cara de marinheiros de primeira viagem. Na sala ao lado nascia um bebê, a porta estava aberta e podíamos ver que, na penumbra, o pai tocava flauta

jamais gostei de sangue, mas criei coragem e fui lá fazer o parto do Julião na clínica do doutor Frédérick Leboyer enquanto um amigo fotografava o bebê saindo da barriga da mãe, que chorava de emoção e felicidade. Pairava no ar um clima Woodstock que adorávamos.

Recebemos um pequeno carnê alaranjado com todas as especificações para a preparação de um parto ideal. Desde o primeiro contato até a hora H, passando pelos exercícios de respiração, a educação neuromuscular, contrações, dilatações, tudo. Para os nove meses seguintes, tínhamos tudo agendado.

O índice de cesarianas em Lilas era baixíssimo, 2%, e isso nos deixou animadíssimos. A idéia do doutor Leboyer era fazer a criança nascer sorrindo. Mergulhamos na literatura especializada, chegando a detalhes como saber que a temperatura ideal do ambiente, para uma criança nascer feliz, era de exatos 27 graus. Foram nove meses de teoria, prática e poesia. Se por um lado cantávamos *Retiros Espirituais* de Gilberto Gil para aquele feijãozinho dentro da barriga, por outro também seguíamos à risca os exercícios do pequeno carnê alaranjado.

A ecologia engatinhava. Não éramos naturebas xiitas, mas, na hora de comprar um alimento com corante ou conservante, sempre dizíamos não. Devorávamos a revista *Le Sauvage* e sonhávamos construir um dia uma casa ecológica. Pão caseiro, horta orgânica, energia solar. Nuclear, não, obrigado! Aqueles nove meses de preparação foram de muito equilíbrio e aos poucos fui perdendo o medo de sangue.

O dia 5 de novembro de 1977 amanheceu muito frio. O registro feito pela mãe num caderno de capa marrom entrou para nossa história. "Primeiras contrações ao meio-dia, regulares, de meia em meia hora, umas fracas, outras fortes. Não faço respiração, dói como cólicas. Durmo depois do almoço até as 3 horas. Às 6 da tarde começamos a controlar as contrações pelo relógio: vêm de dez em dez minutos, até as 7 da noite, quando o intervalo se reduz para oito minutos. Dói pra burro. Resolvo levar o troço a sério e me deito no chão para controlar a dor com minha respiração. Alivia mais do que quando estou sentada ou em pé. Quando uma contração vem, a vontade é de andar, de fazer xixi, na esperança de ver as águas rolarem chuá, chuá... O pai dorme, prevendo uma longa madrugada. Tomo um banho para me relaxar. Contrações pontuais de sete em sete minutos. Muita calma. Nos aprontamos. Uma última contração antes de sair de casa. Em quinze minutos estávamos em Lilas."

Nós nos instalamos no quarto 31. A dilatação era de dois dedos e as contrações eram cada vez mais fortes e menos espaçadas. Nos pequenos intervalos entre elas, me punha a ler poemas banais de um livro que havíamos recebido pelo correio.

A mãe sente muita dor. Estamos no quarto com uma parteira, que acha fantástica a evolução do trabalho de parto. As dores aumentam, e ela propõe à mãe uma máscara com gás analgésico instantâneo, para ser aspirado toda vez que quisesses. A mãe comenta que parece lança-perfume, e a parteira faz questão de dizer que o gás é inofensivo para o bebê e para ela. Agora já consegue controlar melhor a respiração.

Dez para a meia-noite. A parteira avisa que, quando ela quiser, é só empurrar o bebê. A mãe se anima e sorri. Eu já consigo ver a cabecinha despontando. Vem devagarinho e a parteira está muito calma. Pergunta se ela quer um espelho para acompanhar a saída do bebê. Homem ou mulher? De olhos fechados, a mãe diz que não quer o espelho. E lá vem vindo ele!

A parteira passa a mão em torno do pescocinho para ver se está tudo ok. Em poucos segundos ele escorrega. Sai sem anestesia, sem cortes. Todo amassadinho. É um menino e vai se chamar Julião. No registro Juliao porque os franceses não usam o til.

Três quilos quinhentos e cinqüenta gramas! Ele está todo sujo de sangue, aquele sangue que eu não tinha coragem de enfrentar nove meses atrás. Ele se deleita todo, lambuzando a barriga da mãe, e não chora, parece querer caminhar como uma tartaruga. O umbigo é grosso e escuro. A parteira coloca duas pinças e me passa o bisturi. Foi um momento dolorido cortar o umbiguinho dele e sentir que estava literalmente cortando um pedacinho de carne do meu filho.

Colocamos o menininho dentro de uma banheira com água morna. Foi um momento de muita paz, ele abriu os olhinhos pela primeira vez, olhinhos pretos que mexiam de um lado para outro bem descontrolados.

Fui esfregando a mão delicadamente naquela pele suja que, aos poucos, ia ficando limpinha e corada. Colocamos uma roupinha nele, chorou um pouco, mas logo se acalmou. A parteira sugeriu que a mãe lhe oferecesse o peito, o bichinho encostou a boca e caiu no sono, o sono dos justos.

vatapá no sena

Conheci Caetano Veloso numa tarde quando abri a porta daquele confortável apartamento numa ruela do Marais. Encontrei Caetano sentado no chão esbravejando. Ele tinha nas mãos um exemplar da revista *IstoÉ* já bem amassado, maltratado mesmo. E ele fazia questão de amassar ainda mais, enrolando a revista e batendo com ela no chão.

"É mentira! É mentira! É mentira!"

Caetano estava irado com a *IstoÉ*: "Minha irmã viu o show do João Gilberto e me contou por telefone que foi maravilhoso, foi lindo! Esta revista é mentirosa!" Naquele julho de 1978, era com a *IstoÉ* que Caetano estava implicado, revoltado mesmo.

No chão havia duas garrafinhas de Kronenbourg e uma de Coca-Cola. Quando Caetano me viu entrar acompanhado de Maria

> Numa reportagem pop, anotações sobre tudo o que aconteceu nos sete dias que Caetano passou em Paris.

Helena Tejo, bradou cheio de ironia e brincadeira: "Eu acho que deveriam primeiro fuzilar todos os jornalistas!"

Estávamos ali com a missão de fazer uma reportagem que Marcos Faerman, do jornal *Versus*, encomendara e cujo título já tinha na cabeça: "Vatapá no Sena! A semana que Caetano Veloso esteve em Paris!" Foram sete dias agitados e os jornais anunciavam que uma nova revolução poderia surgir a qualquer momento. E foi punk! A *Nouvel Observateur* publicou uma contundente reportagem sobre o Brasil em que perguntava: "Uma ditadura do século XX?"

Eu, que acompanhava Caetano desde o programa *Esta Noite se Improvisa*, desde o primeiro disco que dividiu com Gal Costa cantando *Coração Vagabundo*, estava com as perguntas na ponta da língua: "Hoje, o que você mudaria naquele discurso que fez depois de cantar *É Proibido Proibir*?"

Eu, que acompanhava Caetano desde os festivais, que vi a tropicália engatinhar, que li as cartas do exílio que mandava para o *Pasquim*, que li a primeira edição do livro *Alegria Alegria*, publicado pela Pedra Q Ronca, tinha mesmo muitas perguntas na ponta da língua. Eu, que me inspirei naquela moda do tamanco sueco, calça boca-de-sino e batinha branca na capa da *Rolling Stone* brasileira, queria saber muita coisa do Caetano: "A capa de *Jóia* foi inspirada em *Two Virgins*, de John Lennon & Yoko Ono?"

Caetano não entrou no assunto. Pegou o violão e cantou *Sampa* pela primeira vez para aquele grupo de malucos espalhados pelo chão da sala de um confortável apartamento no Marais. Confesso que saí de lá um pouco desnorteado, mas com uma reportagem absolutamente fora do comum debaixo do braço, que, por incrível que pareça, não teve uma linha sequer censurada. Alguma coisa acontecia no meu coração e no meu país.

a alma
do corpo

O inverno deste ano em Paris promete. Ainda estamos no fim do outono, a temperatura já atingiu 8 graus abaixo de zero e as pessoas desfilam com enormes capas negras, se abrigam nos cafés.

É uma emoção ir ao encontro de um grupo de bailarinos mineiros. No metrô ninguém percebe essa minha euforia, todos sempre apressados sabem de cor os caminhos, as correspondências, as saídas. O Théâtre de la Ville já está iluminado para o espetáculo das 18 horas, uma apresentação do humorista Sol. Logo após vem *Maria, Maria*. Um cartaz preto e branco enorme dependurado na porta anuncia o espetáculo do Grupo Corpo de Belo Horizonte, pela primeira vez na Europa. Entro por uma porta estratégica e quando vejo já estou no primeiro andar. Do elevador, escuto a voz de Milton Nascimento e a voz de Nana Caymmi. O ambiente é todo azul, o Grupo Corpo está começando mais um ensaio.

– Vamos repetir a agonia.
– Você fica mais para o centro.
– Dê mais expressão a esse gesto.

Nos pequenos intervalos, as observações, os detalhes. O susto maior é ir reencontrando aos poucos o sotaque mineiro de cada um. Déa de Souza conta para José Luiz Pederneiras que, no hotel, sentiu muito frio à noite e colocou os pés no aquecedor "para esquentar um pouco". Quando percebeu, a sapatilha estava completamente queimada na sola.

O ensaio vai chegando ao fim. Vamos caminhando com Paulo Pederneiras, diretor do grupo, que mineiramente explica como chegou aqui e o sucesso da temporada em Paris. Fala rapidamente da formação do grupo, do início dos trabalhos, do Centro de Arte e da Escola de Dança que tem hoje no bairro das Mangabeiras.

– Saímos do Brasil no dia 14 de setembro. Nosso objetivo principal era nos apresentarmos somente em Paris, mas aproveitamos a oportunidade para, antes, dançar também em alguns países da América Latina. *Maria, Maria* foi muito bem recebida na América do Sul.

– O Théâtre de la Ville está sendo muito importante pra gente. Encontramos aqui uma recepção que poderíamos dizer que é fora do comum.

"Maria, Maria
É o som, é a cor, é o suor
É a dose mais forte e lenta
De uma gente que ri quando deve chorar
E não vive, apenas agüenta."

O texto de Fernando Brant apresentado em Paris é o mesmo que fez de *Maria, Maria* um sucesso no Brasil, traduzido pelo professor Jean Rose, da Aliança Francesa. A trilha sonora, cantada por Milton Nascimento e Nana Caymmi, não sofreu alterações.

Paulo Pederneiras continua tranqüilo, explicando.

– O Théâtre de la Ville é um dos lugares aonde vêm experts do mundo inteiro à procura de novidades. Foi depois que começamos a temporada aqui que surgiu a oportunidade de irmos para outros países. Agora mesmo está surgindo a possibilidade de nos apresentarmos em Nova York e em seguida na Bélgica e na Suíça.

"Mas é preciso ter força
É preciso ter raça
É preciso ter gana sempre
Quem traz no corpo uma marca
Maria, Maria
Mistura a dor e a alegria."

O jornal *Le Matin* de Paris publicou uma crítica com o título "Salada brasileira". A jornalista Lise Brunel diz que os autores misturam as culturas e as religiões, as percussões e o canto gregoriano, o samba e o balé, o realismo e o delírio de uma maneira exuberante.

Remy Kolpa, do *Libération*, escreveu: "*Maria, Maria* é um espetáculo diferente das imagens clássicas do Brasil do samba e das plumas. Se existem plumas, elas estão lá para ilustrar o candomblé. *Maria, Maria* é um espetáculo fascinante, do princípio ao fim".

"Mas é preciso ter manha
É preciso ter graça
É preciso ter sonho sempre
Quem traz na pele essa marca
Possui a estranha mania
De ter fé na vida."

As horas passam depressa, o espetáculo vai começar daqui a pouco. Ainda há tempo para descer e tomar uma cerveja, comer um sanduíche de queijo brie. Está escuro e lá fora as pessoas que passam em frente ao café se dirigem ao teatro e entram. O garçom chega perto de Paulo Pederneiras, bate nas suas costas e aponta para o relógio: "*Vous êtes en retard pour l'spectacle ce soir*". Pederneiras pergunta que horas são e sai apressado rumo ao teatro que já está superlotado. O espetáculo vai começar!

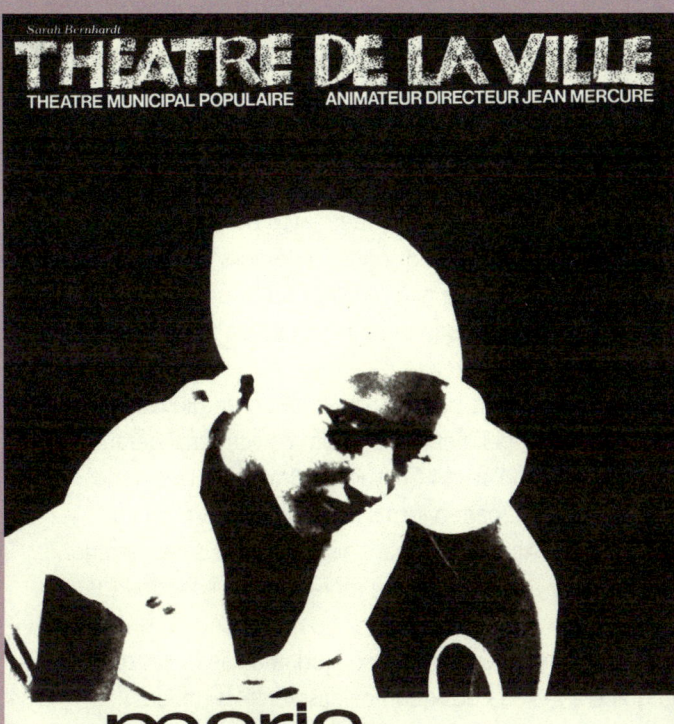

Sarah Bernhardt
THÉÂTRE DE LA VILLE
THEATRE MUNICIPAL POPULAIRE   ANIMATEUR DIRECTEUR JEAN MERCURE

maria maria
pour la première fois en Europe

théâtre dansé par le Grupo Corpo
Ecole de danse libre de Belo Horizonte du
Brésil
texte dit en français - livret **Fernando Brant**
musique **Milton Nascimento** - chorégraphie et mise en scène **Oscar Araiz**
bande sonore chantée par **Milton Nascimento** et **Nana Caymmi**

en alternance à 20h30 mat. 14h30 . prix 20 et 36fr
du 14 nov. au 24 dec. 2 pl. du chatelet. tél. **274.11.24**

PHOTO x

**Para o jornal *Libération*, *Maria, Maria* era
o avesso do avesso do samba e das plumas.**

nasceu sara!

Acordamos tensos nesse 31 de março de 1979. Tínhamos 24 horas pela frente e um temor no ar, o de nosso segundo bebê nascer justamente no dia do golpe militar no Brasil. Quinze anos de ditadura! Não, nosso segundo bebê não poderia nascer nesse dia marcado por uma tragédia.

Passei o dia inteiro trabalhando, tirando do gravador e passando para o papel a entrevista com o secretário-geral do Comitê Central do Partido Comunista Brasileiro, Luís Carlos Prestes. A entrevista é para o jornal *Movimento*. As perguntas foram entregues a Anita, sua filha mais velha, que se encarregou de fazê-las chegar a Moscou, onde mora o velho líder do PCB. O trabalho é lento.

"Erramos em 1964 e com isso ajudamos as forças golpistas a levar ao golpe a maioria dos quadros das Forças Armadas."

Prestes fala lentamente.

"Somos da opinião que mesmo uma anistia restrita pode contribuir para se intensificar a luta pela anistia ampla, geral e irrestrita, que defendemos."

E continua.

Os minutos finais do dia vão chegando. Estamos salvos! Estamos no dia 1º de abril!

Três horas da manhã, as primeiras contrações. Quatro horas já estávamos prontos para ir para a maternidade dos Metalurgistes, no número 9 da rue des Bluets. O combinado era que Darci, um grande amigo, ficaria com Julião caso o parto fosse de madrugada. Em poucos minutos ele estava na nossa casa.

Dez para as cinco estávamos na portaria da maternidade. A

enfermeira pediu que a mãe se sentasse, mas o bebê estava nascendo. Correria, e em poucos minutos já víamos a cabecinha saindo.

– Empurre! – disse a parteira. E a menininha saiu em segundos.

Cinqüenta e um centímetros. Três quilos e oitocentos gramas. Loirinha, olhinhos puxados. Foi levada para uma limpeza geral. Enfiaram um tubo em seu nariz e em segundos ela deu sinal de vida, um choro alto e forte.

Sara! Ela vai se chamar Sara!

Tomou um banho e ficou linda com uma roupa toda branca. Sara tem os cabelos espetados, influenciados talvez pela onda punk do momento. Nasceu de parto normal, sem anestesia.

Viva Sara! Viva o doutor Leboyer!

diário de bordo:
veneza

A primeira surpresa foi avistar o Monte Branco, chegar à boca do túnel e atolar o pé na neve em plena primavera. Uma chuva fina caía sobre a neve espessa, fazendo-a crescer. Um policial entra no ônibus e pede os documentos. Vai recolhendo todos os passaportes, bate um carimbo forte em todos eles, e o ônibus ronca túnel adentro. São doze quilômetros montanha adentro.

O cineasta Werner Herzog escreveu um livro chamado *Sur le Chemin des Glaces,* em que relata a viagem que fez a pé de Munique até Paris assim que soube que uma amiga estava doente na capital francesa. Herzog frisa, a cada passo, o mistério e o silêncio das montanhas. Só então observo que são mesmo misteriosas, silenciosas e pesadas.

Depois do túnel a alegria foi chegar à Itália e reencontrar o sol como num passe de mágica. Desse lado ele brilha e nos esquenta, e todos batem palmas. Vamos percorrendo as auto-estradas italianas, tão eficientes quanto as francesas, inglesas e alemãs.

Emoção ao ver Veneza ainda longe, do início da Ponte della Libertà. Estamos presos num engarrafamento de 28 quilômetros. Todos descem dos carros, esticam as pernas e os braços, ziguezagueiam a pé entre automóveis, ônibus e caminhões. Três horas para chegar à garagem onde todos são obrigados a deixar os automóveis. Os italianos gritam, gesticulam e buzinam. Não deciframos se estão nervosos ou se são assim por natureza.

Abandonamos o ônibus e saímos a pé em busca de um barco para nos levar até o centro da cidade. Nunca se deve deixar de perguntar o preço de nada na Itália. Por exemplo, o do transporte do barco pode variar de 200 a 2.000 liras, dependendo da cara do freguês.

Num vaporeto entramos no Grande Canal, um percurso de vinte minutos aproximadamente. Estamos no centro de Veneza. A Praça de São Marcos é de uma beleza monumental, 1 milhão de turistas neste fim de semana. Não temos onde colocar os pés, os pombos disputam os últimos espaços abertos. Já não vejo automóveis faz uma hora. Percorremos as ruas estreitas da cidade velha à procura de um hotel. Chegamos ao Scandinavia, em Campo Santa Maria Formosa. É um hotel razoável e cheio de mistério. Todo bordado, do chão, passando pelas paredes e espelhos, ao teto. Um quarto bonito, água quente, telefone e uma vista deslumbrante de Veneza.

De noite, o primeiro passeio, um jantar no Restaurante Mercúrio, bem próximo da Praça de São Marcos. A cidade vai ganhando a noite e as ruas começam a ficar vazias. Dez horas da noite e ninguém, apenas alguns vendedores de ioiô luminoso na Praça de São Marcos. Num canto, cinco jovens jogando bola. Assim que nos aproximamos eles nos convidaram para uma pelada. Éramos cinco contra cinco. Nossa equipe era formada por quatro franceses e um brasileiro. É muito difícil jogar futebol na Praça São Marcos mal iluminada. O cansaço foi tomando conta de nossos corpos e a partida terminou empatada.

    A cidade amanheceu brilhando. As primeiras bancas de jornal expondo os números especiais da festa do trabalhador. Paro diante de uma e um velho vem logo me oferecer sua mercadoria. Gaguejo um italiano mal gaguejado e ele começa a me explicar a ideologia de cada jornal. Compro o jornal *L'Unità*, um número inteiramente dedicado ao trabalhador. Ele não me deixa ir embora sem antes comprar o primeiro número de uma coleção de discos e fascículos *I Grandi Del Jazz*. As bancas de jornal na Itália mais parecem verdadeiras livrarias e os fascículos invadiram de maneira espetacular o mercado. Existem coleções que falam de vinho, da comida japonesa, da Segunda Guerra Mundial, da conquista do espaço. Ao lado das bancas, mulheres vendem tomate, alface, morango e laranja.

    Vendedores de milho já instalaram suas banquinhas e os pombos são numerosos na Praça de São Marcos. Diversos lambe-lambes armam suas engenhocas. Dois japoneses aproximam-se e tiram a primeira foto do dia. Um bando de crianças anda de skate na praça, dando um ar United Colors of Benetton ao lugar.

    Continuamos percorrendo a cidade e ouvindo os gondoleiros cantado óperas e mostrando orgulhosos uma Veneza cenário de cinema. Impossível não ser romântico aqui. A música clássica vai saindo das janelas, as obras de arte estão espalhadas pelos cubículos, e nós continuamos caminhando.

    Ao lado do Palácio dos Doges encontrei uma grande feira de livros antigos, de arte, raros, a todo preço. Uma surpresa: o livro

Zero do Ignácio de Loyola Brandão, *La Isla* de Fernando Morais e um outro sobre Zé Arigó – *Zé Arigò: Il Guaritore dal Coltello Arrugginito*, de John G.Fuller. Percorrendo com os olhos as bancas que mais parecem uma torre de Babel, encontro *Não Passarás o Jordão* de Luiz Fernando Emediato, custando o equivalente a 40 cruzeiros. Eu, que estava com *Os Lábios Úmidos de Marilyn Monroe* atravessados na garganta, agora já tenho outro. No hotel verifiquei que o livro estava com as páginas encadernadas completamente fora de ordem. Começava na página 31 e ia voltando. Corro o risco de ler e dizer: adorei o início!

    Turistas do mundo inteiro, mochileiros, aventureiros e burgueses se misturam nos cafés, nos restaurantes, nos monumentos. O almoço foi uma pizza muito boa, feita com tomate, presunto, queijo, alcachofra, cogumelos e lingüiça.

> No dia em que cheguei anônimo a Veneza pensei com os meus botões: agora eu posso morrer!

O jantar foi na trattoria Antica Torre, em Campo Beccarie. Um restaurante tipicamente veneziano onde se come o melhor peixe da cidade. O garçom pergunta se estaremos aqui amanhã. Ele promete uma sopa de peixe, especialidade da casa. No dia seguinte chegamos lá e ele estava com a sopa pronta nos esperando, um prato delicioso, de tirar o fôlego.

Andar de madrugada por Veneza e trombar com surpresas. Um grupo rodando um filme misterioso, por exemplo. Um homem de cartola e capa preta segurando uma lanterna percorria as ruas vagarosamente. Um último café aberto, o Dall'Angelo, e mais um cappuccino!

O dia seguinte amanheceu ensolarado, propício para visitar as ilhas que circundam Veneza. Chegamos a Burano bem cedo, e os pescadores desenrolavam suas redes. A ilha vive da pesca e de tranqüilidade. Velhos marinheiros costurando redes que são estendidas pelas praias de areias escuras, janelas e calçadas. Um cheiro forte de mar se espalha pelo ar.

Chegamos a Murano! Os italianos gritam e fazem muita farra, debaixo dos olhos de duas freiras magras e ariscas. *"Avanti! Avanti!"*, gritam as freiras para os meninos que saltam do barco e descem também em Murano. No porto encontramos as primeiras mulheres rendeiras. Sentadas em pequenos tamboretes, ali passam o dia. Os trabalhos terminados vão sendo dependurados nas barraquinhas ou nos galhos das árvores baixas. São toalhas lindíssimas.

Voltamos para nos despedir de Veneza. A tristeza ao ver a porta do Museu de l'Accademia se fechando. Uma última olhada em dois Tintoretto na entrada nos emociona. Perambulando pela cidade vimos passarinhos pulando de poleiro em poleiro nas gaiolas dependuradas nas janelas, cantando e anunciando a primavera. Os cartazes políticos de direita e esquerda convivem nos muros, colados uns ao lado dos outros.

Ganhamos a Ponte della Libertà e deixamos Veneza para trás. Já estamos vendo os primeiros automóveis, a fumaça, as pessoas nervosas gesticulando muito. Um guarda tenta controlar o caos do trânsito e nós apressamos o passo porque agora já posso morrer.

■ samba do perdão

Desci na estação Franklin Delano Roosevelt do metrô e quando avistei a avenida dos Champs-Élysées percebi que estava mesmo numa cidade encantada. A avenida estava coberta de flores e o sol brilhava nas pedras que forravam seu chão. O céu era de um azul quase anil.

Lá estava ele de pé, esperando o sinal ficar verde para atravessar na faixa. Baden Powell ao vivo, em carne e osso. Ele estava vestido inteiramente de cinza, uma calça com um corte perfeito e uma camisa de manga comprida, gola rulê. Baden Powell usava uns óculos enormes que lhe cobriam boa parte do rosto magro. Era ele mesmo.

O sinal abriu e Baden saiu caminhando lentamente. Foi até o meio da avenida parece que calculando o tempo para que o outro sinal fechasse. Parou novamente. Ele ali ao meu lado, incógnito. Baden Powell dos afro-sambas, do *Aviso aos Navegantes*, do *Violão Vadio*, do *Samba do Perdão*. O Baden Powell que sacudiu um teatro de São Paulo naquele ano que nunca terminou cantando *Lapinha*: "Quando eu morrer/Me enterre na Lapinha/Calça, culote, paletó, almofadinha/Vai, meu lamento, vai contar/Toda a tristeza de viver/Ai, a verdade sempre trai/E, às vezes, traz um mal a mais".

> Baden Powell estava melancólico e garantiu que não tinha nada a me dizer.

Baden Powell atravessou o que lhe restava da rua, parou na banca de jornal e comprou o *Le Monde* fresquinho, que acabara de chegar. Dobrou o jornal, colocou debaixo do braço e entrou na agência da Varig. Fiquei ali parado na porta esperando que ele saísse. Quando pisou na calçada, me apresentei. Baden Powell estendeu a mão fria e me cumprimentou. *Bonjour*, assim mesmo, em francês. Perguntei se poderia me dar uma entrevista.

"O que eu tenho para dizer?"

Baden acabara de ser pai. O filho Felipe tinha apenas alguns dias e a vida estava complicada, cheia de compromissos. Você está indo pro Brasil? "Sim, vou de vez em quando." Baden Powell era uma pedra diante de mim. Fiquei de ligar quando as coisas se acalmassem. Dei um último adeus e parti. Sem o seu telefone, sem o seu endereço.

saci-pererê

"Mas a turma lá de trás gritou: xi, tem nego bebo aí, tem nego bebo aí." As crianças vão descendo as escadas da Maison du Brésil cantando animadas, numa fila desordeira e despreocupada. Ganham o andar térreo e ficam aglomeradas na porta de entrada esperando o monitor que foi até o quinto andar buscar os agasalhos.

Lá vem ele, carregado de casacos pesados. Cada um pega o seu e a criançada respira o ar puro. Na frente, um outro monitor vai empurrando um velho carrinho de feira, cheio de sanduíches para o piquenique. Andam um pouco, encontram o sol e param por ali. Uma grande toalha é estendida na grama e sobre ela vão sendo colocados os pães com manteiga, um pote de geléia de morango Bonne Maman, algumas garrafas de Coca-Cola e uma jarra de chocolate frio. Um empurra o outro, que resmunga, outro ri. Todos correm, pisam na grama, sobem nos muros, muita liberdade. As 22 crianças brasileiras que freqüentam o Clubinho do Saci-Pererê parecem felizes da vida. Aqui só é permitida a entrada de brasileiros, em sua maioria filhos de exilados.

A idéia de uma escolinha de arte nasceu e se concretizou em poucos meses, quando um grupo de cinco brasileiros conseguiu duas pequenas salas no quinto andar da Maison du Brésil. Um dos monitores explica que a idéia surgiu quando ele e mais alguns amigos perceberam que os filhos dos brasileiros que moram em Paris estavam, apesar do esforço dos pais, sendo criados à moda francesa. Muitos tinham até mesmo dificuldade de falar em português.

A característica mais surpreendente da formação das crianças brasileiras em Paris é o seu desenraizamento cultural. Isso devido à trajetória que seus pais passaram a viver a partir do momento em que deixaram o Brasil, muitos deles por motivos políticos.

A maioria dessas crianças nasceu no exterior e algumas delas já viveram em vários países: Inglaterra, Chile, México, Uruguai, Argentina, Suécia, Dinamarca, culturas completamente diferentes das dos pais. Na verdade, elas passaram a ter uma vida dupla, quase paralela. Em casa, seus pais falam português, são muito ligados ao seu passado e ao Brasil. E não é fácil se integrar à sociedade francesa. Vivendo duas vidas, uma na escola francesa, outra na família brasileira, elas acabam confundindo tudo, inclusive a emoção e a cultura.

> Os filhos dos exilados trocam as línguas e chamam a raposa de *renard.*

O Saci-Pererê vem organizando a convivência dessas duas culturas na cabeça dessas criancinhas. A idéia inicial era criar uma escolinha de arte, e foi assim que funcionou no primeiro dia, mas já no segundo trouxeram os irmãos e os amiguinhos. Ficou impossível impedir essas crianças de participar do clubinho.

Os ateliês de música, teatro, artes plásticas, modelagem e recreação funcionam a todo o vapor. O dinheiro vem dos pais, 50 francos por mês, quando podem dar. No ateliê de teatro, as crianças ensaiam a fábula *O Corvo e a Raposa*. O monitor pergunta quem quer fazer o papel da raposa; "Eu, eu, eu", todos gritam ao mesmo tempo. Um grita mais forte: "Não! O *renard* sou eu!"

Os animadores encontraram uma maneira bacana de mostrar a essas crianças o Brasil, criando uma história em que o Saci-Pererê viaja pelo país e vai conhecendo cada região. "Vamos pôr a imaginação para funcionar!", diz um monitor. E um menino loirinho sentado se levanta e pergunta: "Imaginação é verdade ou mentira?"

Isso aqui, sim, é um pedacinho do Brasil, iaiá!

a vida:
modo de usar

Foi no início de uma tarde de domingo que resolvi fazer o meu inventário antes de partir. Coloquei água no fogo para mais um chá, ajeitei alguns biscoitos ingleses num pratinho de plástico, joguei uma pedrinha de açúcar na xícara e pensei apenas com os meus botões.

Eu tinha vindo aqui não sei bem por que nem para quê. Alguns dias depois da chegada, tive a idéia de escrever um livro

chamado Ladrão de Literatura, que nunca escrevi porque cheguei
à conclusão de que seria um livro sem pé nem cabeça. Tudo o que
escrevi estava aqui e agora em cima dessa mesa de fórmica laranja
em forma de inventário.

    Um caderno Clairefontaine em branco em que na primeira
página escrevi com letraset o título do livro, Ladrão de Literatura.
Na segunda escrevi o meu nome e na terceira, bem caprichado e
também com letraset, Capítulo 1, O Bar de Joe.

    Um caderno Avante! com inúmeras anotações, muitas delas
nem a letra consigo entender.

    Trinta e dois exemplares do *Suplemento Literário do Minas Gerais*.

    Uma revista *Escrita*.

    Duas revistas *Inéditos*.

    Duas revistas *Vapor*.

    Uma revista *Circus*.

    Uma pilha de *Movimento*.

    Sete *Versus*.

    Um *De Fato*.

    Espalhei também pela mesa de fórmica os livros de contos
e poemas que escrevi, exemplares encadernados e únicos que
participaram de concursos literários, alguns premiados, outros não.

    Juízo Final
    Baile das Máscaras
    O Equilíbrio dos Loucos
    Os Argonautas
    Pelos Olhos
    Motor
    Ossos da Lua

    Não me esqueci de um livro de desenhos chamado Circo, que

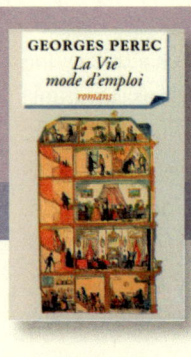

Dentro do livro *La Vie – Mode d'Emploi*, de Georges Perec, um texto inédito do ladrão de literatura.

fiz quando descobri a tinta ecoline, inclusive a de cor dourada. E por fim um diário datilografado em papel de seda verde em que ficaram registrados todos os dias que aqui passei.

O meu inventário. Coloquei tudo dentro de uma caixa vazia de vinho Beaujolais, escrevi numa folha branca A4 "Não Mexer", pus por cima de tudo e lacrei com uma fita-crepe, e fui dormir.

Na manhã seguinte acordei com uma última idéia que surgiu logo depois do banho, quando sentei no chão acarpetado ainda com os cabelos molhados e comecei a ler *La Vie – Mode d'Emploi*, de Georges Perec.

A idéia e obsessão era fazer alguém ler minha literatura, nem que fosse uma única pessoa. Resolvi escrever pequenos textos e colocá-los dentro de livros expostos nas grandes livrarias. Fui para a máquina e escrevi o primeiro.

"Antes de abandonar essa cidade eu brasileiro confesso, aliás, declaro para os devidos fins meus bens e meus males. Não sou proprietário de nenhum, mas nenhum mesmo bem material. Moro num apartamento torto e mal-acabado de um prédio que tem quatro andares, todos eles tortos e mal-acabados. São frios e sombrios e pessimamente distribuídos. Uma sala, um quarto, uma cozinha e banheiro conjugados. No canto da sala uma barraca de camping enrolada, umas almofadas indianas puídas, uma estante de compensado caindo aos pedaços e no chão três latinhas de Carlsberg Beer importadas da Dinamarca. Na cozinha um copo de leite talhado e uma panela de alumínio com arroz frio e grudado. Um tamborete amarelo, que na verdade é um engradado de plástico virado. Em cima do tamborete um passaporte no limite, quase vencido, e dentro do passaporte um bilhete de trem que parte hoje à noite para Estalingrado. Na parede da sala um pôster de Che Guevara e um pequeno cartaz de Jesus Cristo Superstar. Existe ainda no canto da sala uma radiola Grudding pifada e no prato dela um disco chamado Sgt. Peppers Lonely Hearst Club Band meio empenado. Sou ainda proprietário de um dicionário Francês-Português, Português-Francês, um livro do Millôr e O Capital do Marx."

Cuidadosamente dobrei a folha em quatro e desci a avenida Gambetta toda vida até chegar na rue de la Roquette. Passei pelo número 79 e continuei até a Bastilha, onde peguei o metrô com destino à estação Rue de Rennes. Foi lá que desci, andei um pouco e já enxerguei uma livraria, a maior da cidade. Fui direto no estande dos dez livros mais vendidos da semana e lá estava *La Vie – Mode d'Emploi*. Abri o livro, que é bem grosso, e coloquei a folha de papel dobrada em quatro entre as páginas 56 e 57.

Fim
parte 1

de
16-8-63
312
BAGAGES S.N.C.F.
BRASIL
40 Kg
Itinéraire
MEDITERRAN
16-8-63
Partie de
COLIS
NICE-VILLE
A livrer à
DOMICILE
Poids de l'enregistrement

PARTE 2

Saudade do braSil

Polvilho antisséptico graNado

Frieira! Como tínhamos frieiras nos pés. Por que será que tínhamos tanta frieira se andávamos descalços praticamente o dia todo? Meias de algodão e sapatos eram só para ir para a escola. Ao entrar em casa arrancávamos meia e sapato, e pronto. Mas mesmo assim as juntas dos nossos dedos ficavam muitas vezes em carne viva. A solução era pôr nas juntas Polvilho Antisséptico Granado. Toda noite antes de dormir minha mãe fazia um verdadeiro check-up nas juntas dos pés dos cinco filhos. Quem estava com o primeiro sinal de frieira, tome polvilho antisséptico! A propaganda era a alma do negócio, e nós éramos craques quando, antes de vestir o meião e a chuteira para uma pelada, polvilhávamos os nossos dedos com o polvilho do Ademir da Guia, um craque.

Ademir e o **POLVILHO ANTISSÉPTICO GRANADO**

O CONSAGRADO CRAQUE PERNAMBUCANO DECLARA:

"USO DIARIAMENTE o Polvilho Antisséptico Granado, PORQUE ME PROP... DI... NOS...

Não havia frieira neste mundo que resistisse ao Polvilho Antisséptico Granado.

presuntada swift

De tempos em tempos íamos ao zoológico. Pai, mãe e cinco filhos. Sempre que o meu pai lia no jornal que nascera um filhote de zebra, de girafa, de rinoceronte, ele anunciava que no próximo fim de semana iríamos ao zoológico visitar o novo morador. Ir ao zoológico significava passar o dia, e para passar o dia precisávamos nos preparar. Preparar significava minha mãe descer lá do armário que ficava no corredor da nossa casa uma caixa que chamávamos simplesmente de isopor. Minha mãe colocava a escada no corredor e pedia a meu irmão mais velho: "Pega o isopor!" Na véspera ela colocava água para virar gelo na geladeira, comprava Guarapan, uma maçã para cada um, e passava manteiga no pão americano retirando as bordas, que não gostávamos. Na dispensa ela buscava a latinha de presuntada Swift, que vinha numa embalagem que não precisava de abridor, e a guardava dentro do isopor. Por isso sempre que íamos passar o dia no zoológico minha mãe levava os pães americanos e a latinha de presuntada Swift, que era aberta na hora. Era ali, sentada num banco bem perto da jaula do leão, que ela preparava o nosso sanduíche. Passava a presuntada no pão americano já com manteiga, abria os Guarapans e entregava uma maçã para cada um.

lua de são jorge

Não tinha Cristo nem astronauta que nos tirasse aquilo da cabeça. Observando bem, havia um São Jorge em cima de um

OBA! que Lanche!

Tem o "toque mágico"
do mestre-cuca **Swift**

São fatias da deliciosa Presuntada Swift, levemente fritas, servidas com queijo... A garotada adora, e é tão bom para êles! Uma saborosa combinação de presunto e carnes de porco escolhidas, a Presuntada Swift é temperada com capricho por nosso mestre-cuca.

Escreva à Regina Moraes, nutricionista-chefe da Cia. Swift do Brasil S. A., caixa postal 3925, São Paulo, para receber grátis o seu folheto de receitas de Presuntada Swift.

COMPANHIA *Swift* DO BRASIL S.A.

cavalo lutando contra um dragão, na silhueta da lua. Eu enxergava inclusive os detalhes, o cavalo empinando, São Jorge bravo guerreiro fazendo uma expressão de força e valentia e o dragão quase vencido colocando a língua para fora. Um dia inventaram até uma marchinha de carnaval que dizia assim: "Olhando a lua através de uma luneta/Eu vi Jorginho passeando de lambreta/Fazia curvas na contramão/E na garupa quem ia era o dragão". Mas isso era apenas uma marchinha de carnaval que durava quatro dias e quatro noites. Já na Quarta-Feira de Cinzas eu pegava o meu binóculo e lá estava o São Jorge de novo no cavalo vencendo o dragão.

yoghurt itambé

O meu pai adorava coalhada. Quando trazia leite fresco de Florestal sempre enchia meia dúzia de copos de vidro e deixava coalhar. Ele cobria com guardanapos brancos e guardava no alto de um armário de fórmica que tinha na cozinha da minha casa. "Ninguém mexe nas minhas coalhadas!" Essa era a palavra de ordem. E ai de quem mexesse. Não me lembro bem quantos dias aqueles copos ficavam ali. Um belo dia, no café-da-manhã, ele pegava o primeiro copo e puxava

Ninguém chamava iogurte de iogurte. Era coalhada.

cuidadosamente o guardanapo branco que o cobria e depois retirava o soro. Colocava a coalhada numa xícara e jogava duas colheres de açúcar. Como ele saboreava aquelas coalhadas! Um dia, a Itambé resolveu industrializar a coalhada e lançou em vidrinhos o que eles chamavam de yoghurt – e era assim que se escrevia. Era o leiteiro quem vendia os vidrinhos de iogurte. Um dia o meu pai resolveu comprar e experimentar. Gostou tanto que nunca mais fez coalhada caseira.

lápis atrás da orelha

Todos os armazéns do bairro do Carmo em Belo Horizonte tinham o que chamávamos de caderneta. Era nessas cadernetas de capa dura preta que os donos dos armazéns iam anotando as compras dos clientes fiéis, que só pagariam no final do mês, quando recebessem o ordenado. Nós adorávamos fazer compras e colocar na caderneta. Chicletes, maria-mole, balas de goma, Diamante Negro. "Coloca na caderneta!" E Chain colocava, sempre perguntando se o meu pai ou a minha mãe tinham autorizado. Às vezes tinham, às vezes não. No final do mês o meu pai ia até o armazém, tomava uma Brahma Chopp bem gelada e pedia para ele somar tudo. "Quanto é a dolorosa?", perguntava o meu pai. Chain fazia a conta num papel de pão e, para isso, tirava o lápis que estava sempre atrás da orelha. Ali era o lugar mais seguro para guardar um lápis Johann Faber número 2. O lápis ia diminuindo, diminuindo, e mesmo um toquinho ficava ali, atrás da orelha de Chain.

o leão da metro

O Jardim Zoológico de Belo Horizonte tinha um único leão. Magro, velho, com os pêlos caindo. Nós tínhamos muita pena daquele leão quando íamos ao zôo com o meu pai e a minha mãe. Não enxergava naquele bicho maltrapilho o rei dos animais. Para mim o rei dos animais era o elefante, o gorila, quem sabe o rinoceronte Cacareco, tão votado nas eleições. O rei leão era aquele artista de cinema, aquele leão que sempre aparecia antes de começar os filmes da Metro Goldwyn Mayer. Era um show! O som ainda não era estéreo, mas o cinema Pathé tremia quando aquele leão rugia. Era um leão bonito, com os olhos vivos e os dentes afiados. Ele aparecia dentro de um círculo e, como um bom ator, rugia virando a cabeça pra lá e pra cá. O bicho tinha uma juba linda, uma verdadeira juba de leão!

zéfiro

Foi Maurício quem me mostrou pela primeira vez. Era um livrinho fino, mal-acabado, impresso em papel-jornal. Ele estava escondido dentro do livro *As Mais Belas Histórias*. Foi no recreio do Colégio Dom Silvério que Maurício me mostrou pela primeira vez uma historinha de Carlos Zéfiro. Passei os olhos assustados nas ilustrações, com muito medo que Irmão Xavier visse. Fiquei curioso para ler as histórias picantes que havia ali. Ele me contou que o exemplar não era dele, e sim de um primo que morava no

Rio de Janeiro. A historinha chamava-se "Tina – a Maranhense" e começava assim: "Conheci Tina no jardim do Largo da Carioca. Estava sentada em um banco e seu olhar triste e distraído me fez parar e ficar observando-a. Não era nenhum portento de beleza nem era jovem, mas tinha não sei o que que me atraía". Maurício me disse que aquele livrinho era conhecido como catecismo. Eu achei que era pecado.

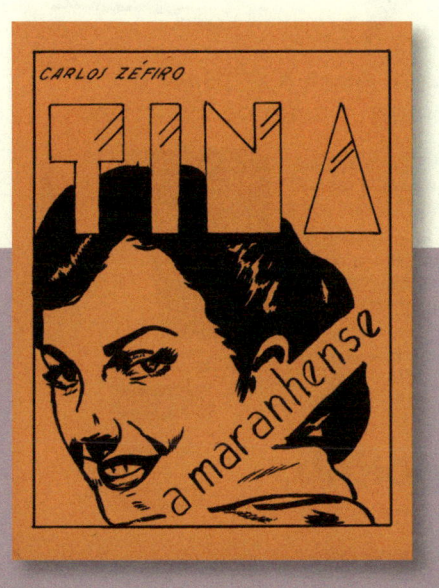

Tina, a maranhense não era uma Brastemp, mas tinha alguma coisa que me atraía...

RESFRIADO
Inquieto... não respira bem... não pode dormir

VICK VAPORUB
Respira livremente... 10 horas de alívio completo

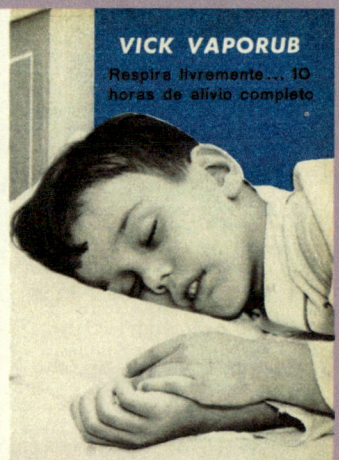

Mãe — nunca deixe a gripe ou o resfriado interromper o sono de sua criança

Ao deitar, uma fricção de Vick VapoRub no peito, garganta e costas garante 10 horas de alívio completo.

Em apenas 7 segundos, os vapores medicinais de VapoRub começam a desentupir o nariz, suavizar a garganta e descongestionar o peito. Sua criança respira livremente.

VapoRub age de segundo em segundo a noite inteira. Sua criança dorme um sono tranqüilo e reparador, acorda melhor... muito melhor.

- Desentope o nariz
- Suaviza a garganta
- Descongestiona o peito

VICK VapoRub
Ação em 7 segundos... 10 horas de alívio!

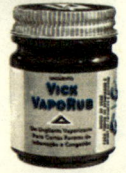

No primeiro espirro, minha tia sacava da bolsa o Vick Vaporub.

vick vaporube

O meu pai era viciado em Mistol com efedrina até o dia em que proibiram a efedrina. A minha tia Luizinha, irmã do meu pai, era viciada em Vick Vaporube. Viciada mesmo, de não passar um dia sem o tal vidrinho, que ela carregava um na bolsa e o outro deixava em cima da geladeira, junto com uma batelada de remédios que costumava tomar. Mas sagrado mesmo era o Vick Vaporube. Não tinha gripe ou resfriado que resistisse às doses diárias que ela usava e receitava para todos em Cataguases. Minha tia não podia ver menino com nariz escorrendo, e no primeiro espirro lá vinha ela com o vidrinho na mão daquilo que chamava de "santo remédio". Acho que minha tia não acreditava em antibióticos, vacinas, nada, nada, ela só acreditava em Deus e no Vick Vaporube. O dono da farmácia que ficava perto do Hotel Villas não deixava faltar em seu estoque os vidrinhos que minha tia comprava todos os meses. A minha tia Luizinha tinha cheiro de Vick Vaporube.

trote pelo telefone

"É aí que mora uma velha bunda murcha paletó de astracã?" Religiosamente todos os dias alguém ligava para a casa da minha avó, dizia essa frase e desligava o telefone em seguida. Não sei se ela tinha bunda murcha, mas o paletó de astracã ela tinha, sim. Desconfiavam de um vizinho, mas nunca puderam comprovar. Pensaram até em pôr a polícia para descobrir quem, todos os dias, ligava para a casa da minha avó e perguntava se era ali que morava uma velha bunda murcha paletó de astracã. Adorávamos passar trotes. "Quem está na linha? Então sai porque lá vem o trem!" "É do zoológico? Queria falar com o senhor Carneiro!" Esses eram trotes curtos e grossos, mas às vezes passávamos trotes mudando a voz, dizendo estarmos apaixonados por quem estivesse do outro lado da linha. Muitas vezes pegávamos o catálogo telefônico para passar um trote certeiro. Nome e sobrenome na mão, discávamos e perguntávamos: "Seu Bartolomeu Galo está? Sim, sou eu. Queria falar com a galinha...", e batíamos o telefone no gancho quase morrendo de rir. Um dia mataram o trote. O principal suspeito chama-se Bina.

plásticos
da bardahl

A febre começou em Brasília, logo depois da inauguração. Alguém inventou algo mais moderno que o decalque. Eram adesivos de propaganda feitos de plástico para ser colocados no pára-brisa dos automóveis. Tudo muito simples, bastava afixar no vidro, do lado de dentro, e pronto. Eram centenas diferentes, e logo a turma da 405 começou a colecionar. Não era fácil conseguir um, só roubando, e foi assim que aprendemos a abrir portas de carros com a maior facilidade. Tinha plástico da Coca-Cola, da lanchonete Gordon's, do Crush e um, muito visado, era o elefantinho símbolo do *Jornal do Brasil*. O pai da Deise trabalhava no *JB* e tinha um no carro dele. Mas os mais idolatrados eram

Objetos do desejo.
Quem resistia aos
adesivos da Bardahl?

os plásticos da turma da Bardahl. Eram seis, bem pequenos, que formavam uma coleção: Clarimunda, Antônio Sujo, Zé dos Anéis Presos, Carvãozinho, Chico Válvula Presa e o Detetive. Na televisão, essa turma aparecia em desenhos animados aprontando no motor do automóvel. Até que surgia o Detetive e escorraçava os cinco. Orgulhoso, ele dizia: "Tudo anda bem com Bardahl!"

passarinhos de louça no alpendre

Toda casa no interior tinha passarinhos de louça, cada um de um tamanho, que voavam em bando dependurados na parede do alpendre. Na casa do meu tio Zezé em Juiz de Fora tinha uma família de azulão. Os pássaros eram de louça azul-anil e ficavam bem perto da porta. Esses passarinhos, dizia ele, traziam harmonia ao lar. Quando andávamos a pé pelas ruas de Juiz de Fora, de Cataguases, de São Lourenço, de Passa Quatro, íamos observando aqueles passarinhos, cada um mais lindo que o outro. Eram gaivotas, curiós, cardeais e até patos selvagens. Na casa de Zé Suppi em Cataguases tinha uma família de patos voando na parede do alpendre pintado de amarelo. Eram patos de Pequim, aqueles que têm a cabeça esverdeada, meio furta-cor. Acho que aves traziam mesmo harmonia ao lar, porque nunca vi Zé Suppi brigando com a mulher dele.

o que é o que é

O que é o que é que nasce de pé e corre deitado? Chuva! O que é o que é que quanto mais você tira maior fica? Buraco! O que é o que é que tem rabo de porco e não é porco, orelha de porco e não é porco, pé de porco e não é porco? Feijoada! Passávamos horas adivinhando essas bobagens. O que é o que é que nasce grande e morre pequeno? Lápis! O mais engraçado é que as respostas eram sempre as mesmas: Chuva! Lápis! Bule! Buraco! Ovo! Gostávamos também de criar situações e brincar com o nome de filmes. Uma aranha estava andando no deserto e perdeu todas as patinhas. Ela foi se arrastando e quando viu as patinhas tinham nascido de novo. Como se chama o filme? Criou patas a arainha do deserto!

sabonete araxá

Sempre que o meu pai chegava do Triângulo Mineiro ele trazia sabonetes Araxá. O meu pai era devoto da lama de lá e provava por A mais B que pessoas ficavam curadas depois daquele banho medicinal. E o sabonete Araxá era a porção pra viagem daquelas curas. Como vivíamos procurando sarna pra coçar, minha mãe de vez em quando dava um banho geral nos filhos com sabonete Araxá. Na embalagem, três mulheres que viraram musas do poeta Manuel Bandeira. "As três mulheres do sabonete Araxá me invocam, me bouleversam, me hipnotizam. Oh, as três mulheres do sabonete Araxá às quatro horas da tarde! O meu reino pelas três mulheres do sabonete Araxá!", escreveu ele um dia. O nosso banho diário era com Lever, com Gessy, com Vale Quanto Pesa, Lifebuoy, mas quando aparecia uma irritação na pele tomávamos banho com as três mulheres do sabonete Araxá.

olha o
passarinho!

Eu jurava que dentro daquela Rolleiflex do meu pai tinha mesmo um passarinho, um pardal, um canarinho-belga, um cardeal, sei lá. Mas, que tinha, isso tinha. Os fins de semana ele passava com a Rolleiflex dependurada no pescoço. Todos os domingos quando íamos à casa do meu avô a primeira coisa que o meu pai fazia era verificar se tinha filme na máquina. Ele esperava chegar todos os parentes para reuni-los no terreiro e fazer uma chapa. Eu ficava impressionado como ele conseguia colocar dentro da fotografia todo aquele pessoal. Avô, avó, tios, tias, genros, noras, netos, namorados, um padre e até o nosso cachorro. "Olha o passarinho!", dizia ele. Todos sorriam e todos saíam bem na foto.

disco de bolso
do pasquim

A turma do *Pasquim* gostava muito de música, e foi assim que tiveram a idéia de vender discos em bancas de jornal. Foi na banca da rua Espírito Santo com Bahia que eu comprei o primeiro disquinho. Era um compacto simples de vinil acompanhado de um fascículo impresso em papel kraft. Espero que o número 1 esteja guardado lá na minha casa da rua Rio Verde. De um lado tem a música que tento aqui, aos poucos, ir recompondo verso a verso para que um dia possa cantar para o meu filho. *Águas de Março*, com Tom Jobim. "É pau, é pedra, é o fim do caminho." Será que quando ele diz "é um belo horizonte" está falando da minha cidade, tão longe daqui? Do outro lado um tal de João Bosco canta *Agnus Sei*. João Bosco nasceu em Ponte Nova, a cidade da minha mãe, e estudou engenharia em Ouro Preto. De *Agnus Sei*, o único verso que me lembro é: "Ah, como é difícil tornar-se herói!"

Mais uma do *Pasquim*. De um lado, as águas de março de Tom e, do outro, o agnus sei de João Bosco.

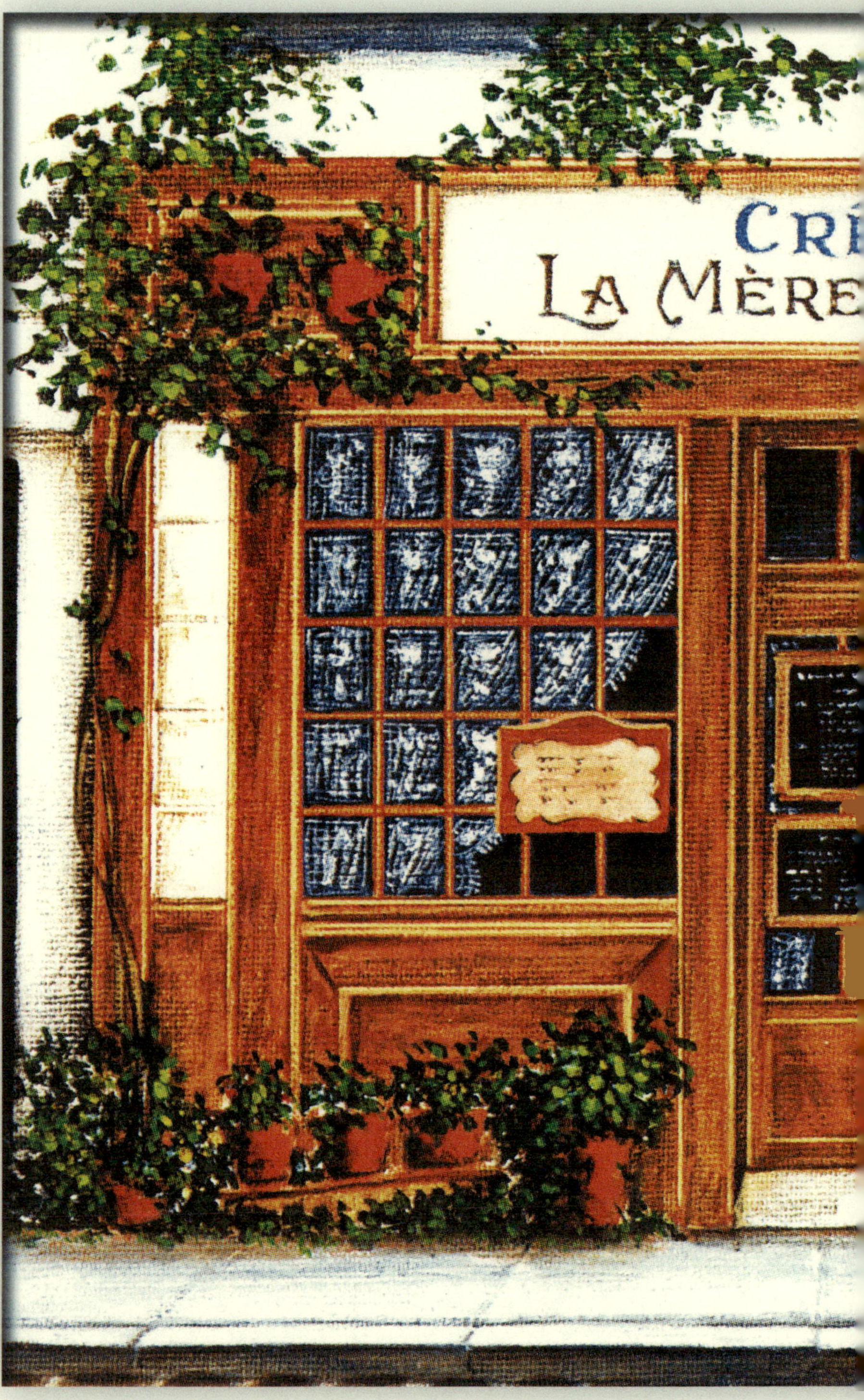
LA MÈRE

Como pode alguém em Paris sentir vontade de comer bala Chita e beber Mate-Couro?

tatu-bola

Brincávamos com insetos. Quantas vezes não amarramos uma linha fina no corpinho daquela mosca verde e a fizemos de aviãozinho? Durava pouco, alguns minutos, e estava morta a mosca. Com as minhocas brincávamos de fatiá-la, já as tanajuras colocávamos em caixas de fósforo e ficávamos ouvindo como se fosse um rádio fora da estação. As formigas jogávamos dentro d'água para vê-las nadar, nadar, nadar. Era muita maldade com os insetos, exceto com o tatu-bola, um bichinho camarada. Bem pequenininho, cheio de patinhas, que se enrolava todo quando tocávamos nele. E ali ficava. O tatu-bola só deixava de ser bola depois de muito tempo, quando imaginava estar longe o perigo. Um dia resolvemos jogar futebol de botão usando o tatu como bola, mas não funcionou. No primeiro gol, no fundo da rede ele deixou de ser bola e se enfiou numa fresta do móvel para nunca mais.

pé-de-boi

Todo mundo queria ter um carro, nem que fosse um Gordini bem derrubadinho ou um Chevette Hatch de segunda mão. Carro novo, carro zero, sempre custou caro e a solução veio de alguém, sabe Deus quem, que inventou o carro pé-de-boi. O pé-de-boi era um carro sem luxo algum, nada cromado, não tinha calotas, nenhum acessório que lembrasse luxo ou conforto. Os bancos eram de lona e no painel apenas os indicadores básicos: velocidade, gasolina, quilometragem. As cores eram as mais simplórias, bege, branco e cinza. Era difícil fazer um pé-de-boi brilhar. Claro, o carro era fosco. E foi assim que um vizinho nosso conseguiu realizar o sonho do carro zero. Comprou um fusca pé-de-boi bege e foi, aos poucos, dando uma incrementada aqui, outra ali. Primeiro ele comprou as calotas, mandou cromar as maçanetas, trocou o forro dos bancos, comprou faróis de milha e tirou aquela cor de burro fugido. Pintou o fusca de vermelho e saiu por aí todo prosa.

autoesporte

Aos 12 anos de idade, quando pus os pés em Brasília pela primeira vez, enfiei na cabeça que seria piloto de Fórmula 1. Claro que influência dos primeiros amigos que fiz no planalto central do país: Luis Carlos Durant e Alex Dias Ribeiro. O nosso barato eram as corridas de autorama de que participávamos numa pista profissional na avenida W-3. Sonhávamos em ser Jim Clark desenhando protótipos, em vez de calcular a bissetriz do ângulo reto no caderno de desenho do Ginásio Caseb, aqueles cadernos espirais que vinham com uma folha branca cartolinada e uma de seda. A única notícia que tínhamos da Fórmula 1 chegava numa radiofoto às segundas-feiras nas páginas de *O Globo*. Ela vinha cheia de ranhuras e era tirada sempre no momento da bandeirada final. O sonho de ser piloto de Fórmula 1 não passou daquela temporada em Brasília. Fui talvez o primeiro adolescente a assinar a *Autoesporte*, a revista que acelerava emoções. A *Autoesporte* era em branco e preto e trazia notícias de corridas, da primeira à última página. Para ter leitura o mês inteiro eu dividia o número de páginas pelo número de dias do mês. Se a revista chegasse com sessenta páginas lia duas por dia. Foi assim que me apaixonei por Emerson Fittipaldi, José Carlos Pace,

Henrique Fracalanza, Pedro Victor de Lamare e Bob Sharp. Nunca cheguei aos pés deles, claro, porque nunca aprendi sequer a dirigir um automóvel.

garrafinhas de areia

Hoje fui passar o domingo na casa de um amigo meu que veio da Bahia, e na estante que ele tem na sala, transbordando de livros de Física e Química, enxerguei uma garrafinha de areia. Ele contou que era presente de uma amiga também ligada às ciências exatas que acabara de chegar do Recôncavo. Fiquei observando os detalhes: uma casinha de sapê com a fumaça saindo da chaminé, três coqueiros, o azul do mar e quatro pássaros voando, acho que gaivotas, tudo muito perfeito. Como será que os artesãos colocam essa areia aí dentro? Com que tinta tingem a areia branca da Praia de Itapoã ou da Lagoa do Abaeté? A primeira vez que vi tais garrafinhas foi quando cheguei a Arembepe para o carnaval. Um vendedor passou pela praia com dezenas de garrafinhas dependuradas balançando num cabo de vassoura. Elas eram bem baratinhas, mas acabei não comprando porque não tinha dinheiro algum. Nunca poderia imaginar que um dia uma delas viria parar aqui em Paris nessa estante, bem em frente a um livro chamado *Phisique Quantique Volume I*.

Agôsto • 1967 • NCr$ 1.50

æ autoesporte

a revista que acelera emoções

LE MANS FOI DA FORD

4º DO CARIOCA DE KARTS

NOVA ALFA ROMEO 33

Autoesporte. Ler duas páginas por dia para ler o mês inteiro.

■máquina elétrica
ibm de bolinha

    O futuro chegou no dia em que doutor Antônio Macário comprou para o Instituto de Defesa Vegetal do Ministério da Agricultura o que todo mundo passou a chamar de máquina elétrica IBM de bolinha. Ela apareceu nos primeiros dias do ano pronta para humilhar qualquer Remington, qualquer Royal, qualquer Olivetti. O técnico a instalou rapidamente em cima da mesa do chefe e em poucos minutos ela estava funcionando. Era o fim daquele tec tec tec. A máquina elétrica IBM de bolinha mudava de linha sozinha, fazia correções, e tem mais: as bolinhas tinham tipos diferentes. Eu passei a datilografar ofícios-circulares com letra **mais ou menos assim**.

Quando apareceu a máquina IBM de bolinha achei que não havia mais nada para inventar neste mundo.

bala chita

O bar do Chain vendia dois tipos de bala. Uma de café embrulhada num papel celofane, sem marca, sem data de fabricação, sem data de validade para o consumo. A bala de café também era simplesmente bala de café, como o bar do Chain era apenas bar do Chain. Mas havia outra, a bala Chita. Elas ficavam dentro de um baleiro giratório de vidro com quatro compartimentos, em cima do balcão. As balas que eram vendidas ali não tinham preço fixo, dependia da quantidade de dinheiro que tínhamos no bolso. Entrávamos e pedíamos: "Me dá 80 centavos de bala Chita!" Dona Suade, a mulher do Chain, enfiava a mão naquele vidro e tirava um punhado delas. Fazia um cálculo meio por alto e nos entregava as balas. A Chita era mais gostosa que a bala de café, mas custava um pouquinho mais caro. A macaca da embalagem estava sempre de boca aberta e segurando uma placa vermelha escrito Chita. Quando minha mãe via que não parávamos de mastigar as balas Chita ela ficava brava: "Pára de comer bala Chita porque dá cárie". E dava mesmo.

revista senhor

O primeiro exemplar de uma revista *Senhor* que me caiu nas mãos era datado de fevereiro de 1960 e custou 100 cruzeiros ao bolso do meu pai. Era difícil comprar *Senhor* em Belo Horizonte. Só vendia na banca de seu Benito, e foi lá que o meu pai comprou aquele exemplar que eu folheei com o maior orgulho. Era uma revista muito chique, sofisticada, para cavalheiros de fina estampa. Foi nas páginas da *Senhor* que fui apresentado a Jean-Paul Sartre e a Dorothy Parker. Foi lá que conheci Marques Rebelo, Carlinhos de Oliveira, Antônio Maria, Fernando Sabino, Clarice Lispector e Otto Lara Resende. Foi lá que aprendi a gostar de desenho e humor, e não era pra menos: foi lá que conheci os traços de Millôr Fernandes, os cartuns de Jaguar e a graça do traço de Zélio Alves Pinto. Na *Senhor* gostava até dos anúncios, muitos deles feitos com exclusividade para a revista. O do cartão Diners era a coisa mais chique do mundo. E o do cheque de viagem do Banco Nacional? E o das roupas feitas com casimira Guahyba? Eu até sonhava em um dia fumar Minister e, quando ficasse bem rico, um charuto Suerdieck. A redação da *Senhor* ficava em Copacabana, e era em Copacabana que ficavam as coisas mais bacanas do meu país.

SENHOR

JUNHO 1959

zé vasconcelos

Conhecemos Zé Vasconcelos no dia em que o meu pai chegou em casa com um disco chamado *Eu Sou o Espetáculo!* Zé Vasconcelos era mesmo um espetáculo. O meu pai sempre gostou de piadas, todo dia chegava em casa com uma, mas nesse dia chegou com várias, de um lado e outro de um disco de vinil, todas do Zé Vasconcelos. Durante mais de um ano ouvimos aquelas piadas, e por incrível que pareça elas não ficavam velhas. Quando os amigos do meu pai chegavam na nossa casa, meia hora depois de um papo sobre meteorologia, ele perguntava: "Querem ouvir umas piadas?" E, cada vez que ele colocava o disco na vitrola, seus amigos choravam de rir. Zé Vasconcelos usava uns óculos com aros enormes e vivia fazendo caretas. Imitava todo mundo e dizem que foi ele quem inventou aquela famosa tirada de um pistoleiro latino que perguntou: *"Como te lhamas?"* E o cara: *"Pablito!"* E o pistoleiro: *"Lhamabas!"*

holiday on ice

Podia ser janeiro, fevereiro, maio, junho, dezembro, não tinha data certa a chegada do Holiday on Ice a Belo Horizonte. Ficávamos sabendo porque de madrugada colavam cartazes pela cidade inteira. Belo Horizonte amanhecia com aqueles cartazes nos muros anunciando sempre que o Holiday on Ice estava chegando "pela primeira vez no Brasil". O anúncio do espetáculo do carnaval no gelo era meio circense e nos deixava muito excitados. Primeiro

15th Sparkling Anniversary

WORLD FAMOUS
Holiday
on Ice of 1960

SOUVENIR PROGRAM
FIFTY CENTS

Holiday on Ice. Todos os anos em Belo Horizonte, mas sempre pela primeira vez.

porque nunca víamos tanto gelo junto. O único gelo que tínhamos era o do congelador da Frigidaire e mesmo assim muito pouquinho. E a sensação de ver aquelas mulheres de saiotes patinando pra lá e pra cá numa velocidade estonteante era uma coisa única. Quando víamos os cartazes colados no muro do Minas Tênis Clube pedíamos logo ao meu pai para comprar os ingressos, que se esgotavam rapidamente. Íamos às apresentações à noite porque era mais chique e, quando as luzes se apagavam, sonhávamos estar no Rockfeller Center patinando com aquelas Janes, aquelas Marys e aquelas Barbaras.

imagens do mundo

Botânica. Geografia, Oceanografia, História. Entomologia. Arqueologia. Arte. Geologia. Ornitologia. Política. Literatura. Sociologia. Era tudo que eu queria! Quando meus olhos adolescentes bateram naquela página da *Enciclopédia Bloch* anunciando a chegada de uma nova revista mensal de cultura, meu coração bateu mais forte. Foi numa banca do centro da cidade que paguei 7 cruzeiros novos pelo número 1. *Imagens do Mundo* era uma revista diferente de todas as outras, o formato, o papel, o jeito de ser. Ela tinha a capa dura própria para quem gosta de colecionar revistas. Como eu não sabia o que queria ser na vida, tudo ali me interessava, da estranha fauna australiana aos equinodermos que habitavam o fundo do mar. A revista que se chamava *Imagens do Mundo* durou apenas quatro números, para minha tristeza. Quando saiu o número 4 veio junto uma capa-estojo. Guardei as revistas ali dentro e passei o resto da vida esperando sair o número 5.

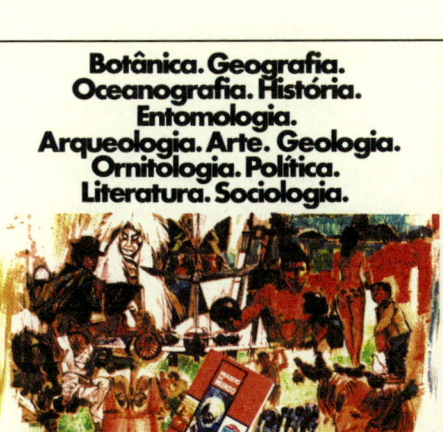

Nas ruas de Paris sonhava com os quatro únicos números de uma revista chamada *Imagens do Mundo*.

lambe-lambe

O lambe-lambe mais famoso de Belo Horizonte ficava no Parque Municipal, bem no centro da cidade. Era um senhor de aproximadamente 60 anos que se instalava todas as manhãs perto do lago. Ali ele passava o dia fotografando casais enamorados que iam passear no parque. Nos fins de semana o movimento quadruplicava e aquele velhinho trabalhava sem parar. Ele era mestre em fotografias 3X4, mas fotografava também pessoas de corpo inteiro. Numa lata de biscoitos Duchen ele guardava as fotos de pessoas que nunca foram buscá-las. Depois de fotografadas, prometiam buscar as revelações no sábado seguinte – e nunca mais. A maioria era gente muito simples e jovens que estavam fazendo o tiro-de-guerra, servindo no Exército, fardados dos pés à cabeça. Ali naquela lata de biscoitos ele guardava o prejuízo, mas com o lucro se orgulhava em dizer que criou oito filhos, todos formados.

baby-doll

Bebê usava pijaminha para dormir. Meninas usavam camisola. E as camisolas eram compridas, quase arrastando no chão, bem discretas, até o dia em que inventaram o baby-doll. Acho que o baby-doll apareceu junto com o biquíni. Era chegada a hora de mostrar um pouco da beleza, do charme e do veneno da mulher. Os primeiros baby-dolls fizeram o maior sucesso, eram curtinhos e ótimos para o verão. As meninas morriam de vergonha de aparecer de baby-doll, e não apareciam quase nunca. As únicas meninas que vi de baby-doll eram minhas vizinhas, que esqueciam que estavam com pouca roupa e iam até o quintal buscar as toalhas para tomar banho. Tinha meninas que moravam na casa do lado e embaixo da minha que apareciam por volta das 10 horas da manhã. Corriam até o varal, pegavam a toalha e voltavam em disparada quando percebiam que estávamos ali observando tudo.

esperanto

"Saluton! i tiuj estas novaj vortaroj Esperanta-Portugala kaj Portugala-Esperanta. La celo estas doni al iuj portugallingvaj esperantistoj aktualajn vortarojn de Esperanto kaj portugala lingvo." Eu sempre fui ruim de inglês, tomei bomba duas vezes em francês e outra língua só o portunhol. Imagine falar alemão, russo, grego ou tcheco? Um dia alguém sonhou em criar uma língua que todos entendessem. E nasceu o Esperanto! Eu acreditava naquilo e cheguei a preencher cupons que saíam na revista *O Cruzeiro* para fazer o curso de Esperanto por correspondência. Meu sonho era chegar um dia no Taj Mahal e cumprimentar um indiano: "Saluton!" E ele me responder: "Saluton!" Queria pegar o avião, descer em Pequim e já no aeroporto sair falando esperanto com todo mundo. Que maravilha! Imagine chegar em Istambul, entrar na Mesquita Azul e entender todas as orações. Pisar em Atenas e bater longos papos com os gregos. Ah, como eu sonhava derrubar a grande torre de babel!

A bandeira do Esperanto: o sonho de ver todo mundo falando a mesma língua.

copo-de-leite

Era a flor que a minha mãe mais gostava. Aos sábados ela acordava cedo e ia ao Mercado Central com o meu pai comprar frutas, verduras e flores. Era lá no mercado que se vendiam os copos-de-leite mais bonitos da cidade. Um dia achei em casa um livro chamado *As Flores mais Bonitas do Mundo* e foi nele que aprendi tudo sobre o copo-de-leite, uma flor bulbosa, com raízes carnudas, da mesma família dos antúrios. O copo-de-leite é originário da região sudoeste da África, nasce em terrenos lodosos e floresce o ano todo. É por isso que minha casa não passava um sábado do ano sem uma meia dúzia de copos-de-leite na floreira. A minha mãe deixava sempre os copos-de-leite no alto porque dizia ser uma planta tóxica. "Não põe o dedo! É veneno! Mata!" E não eram apenas os copos-de-leite que eram venenosos. Espada-de-são-jorge minha mãe nunca quis ter em casa. Aquela planta, sim, era comer e cair duro.

mandrake

Seu Darci Miranda era o rei do baralho. Ele tinha sempre na sua pasta de couro um jogo de cartas Copag, que, segundo ele, era o melhor baralho do mundo. Quando seu Darci Miranda chegava de São Lourenço sabíamos que à noite haveria um espetáculo de mágica. Ele reunia todos os meus irmãos em volta da mesa colonial da nossa casa, pedia uma toalha de feltro, que era estendida, e começava o show. Nossos olhinhos ficavam atentos para tentar desvendar os mistérios da sua mágica, mas nunca conseguimos. No final ele embaralhava as cartas como quem toca sanfona, sem deixar cair uma sequer. O

Mandrake tinha um quê de seu Darci Miranda. Era um senhor fino que usava uma cartola, luvas de pelica e uma capa forrada de vermelho. Mandrake morava em Xanadu e sua especialidade era a mágica. Não para agradar aos filhos do doutor Alberto, mas para combater o crime hipnotizando-os. Eterno noivo de Narda de Cockaigne, tinha um amigo de fé, camarada, o inseparável Lothar. Acompanhávamos as aventuras de Mandrake nas tiras que o jornal *O Globo* publicava numa época em que só o meu pai assinava *O Globo* em Belo Horizonte. Ele chegava tarde, depois do almoço, e era de noite que líamos as tirinhas. Hoje, Mandrake virou um adjetivo. Essa história é meio mandrake, né?

retiro espiritual

Essa idéia de fazer retiro espiritual surgia sempre nos meses de fevereiro, quando o carnaval estava chegando, quando os tamborins começavam a esquentar e o povo a se excitar. Pernas de fora, seios balançando, sacanagem à vista! Quando começávamos a juntar os trocados para passar os quatro dias de folia em Cataguases, lá vinha alguém falar em retiro espiritual. Aquilo era um balde de água fria na nossa euforia. Imagine os salões fervendo de morenas piscando pra gente e a idéia de passar os dias do reinado de Momo num retiro espiritual. Imaginávamos que retiro espiritual se fizesse num casarão no meio do mato, talvez em cima de uma montanha onde jamais ouviríamos os acordes daquela marchinha que dizia assim: "Olha a cabeleira do Zezé/Será que ele é/Será que ele é/Será que ele é bossa nova/Será que ele é Maomé?" No retiro espiritual se lia a Bíblia, bebia leite e, música, só clássica. Nunca passou pela nossa cabeça um carnaval num retiro espiritual. Dizem que Zé Suppi sempre ia para o retiro espiritual em fevereiro, mas nunca acreditei.

os jetsons

Minha avó nasceu numa sexta-feira 13 de um ano bissexto. Ela viveu mais de oito décadas, mas esperava viver mais para ter em casa uma Rose. Rose era a empregada-robô da família Jetsons. Quando o homem começou a pôr os pés na Lua só se falava na vida do futuro. Foi assim que inventaram a tal família Jetsons. George era o pai, Jane a mãe, Judy a filha, Elroy o filho, Sr. Spacely o chefe de George, Astro o cachorro e Rose a empregada-robô. A vida da família

Jetsons era um show. Os carros voavam, as cidades eram suspensas, os eletrodomésticos eram cheios de botões, tudo era automático. A comida era a jato e bastava apertar um botão na parede da cozinha que vinha um sanduíche prontinho e delicioso. Mas alguém precisava arrumar a casa, e é aí que entrava a Rose. Rose lavava, passava, costurava, encerava, deixava a casa brilhando e não reclamava. Não faltava ao trabalho, não tirava férias, não tinha décimo terceiro, não ficava grávida e passava o dia varrendo e espanando a casa, coisa que minha avó nunca fez.

o céu é o limite

"Continua ou desiste?" O país parava quando J. Silvestre fazia essa pergunta nas noites do Brasil. Fazia-se um silêncio sepulcral. Até Tupi, nosso cachorro, parava de coçar as pulgas para não fazer barulho. Quando o gênio da memória dizia "continuo!", o país respirava aliviado, tinha uma semana pela frente para relaxar. Mas chegava a semana seguinte e lá vinha a pergunta novamente: "Continua ou desiste?" O programa chamava-se *O Céu É o Limite* e ali na televisão apareciam anônimos que sabiam tudo sobre determinado assunto. Que ia do café a Gengis Khan, de Mozart aos dinossauros. As perguntas não eram simples, tipo "que dia nasceu JK?" Eram perguntas como "o que Gandhi estava fazendo na manhã de 20 de janeiro de 1891?" E o gênio da memória por incrível que pareça sabia. Eu nunca me esqueço do Oriano de Almeida, que passou semanas respondendo sobre Chopin no programa *O Céu É o Limite*. No final de cada resposta o apresentador J. Silvestre suava em bicas. Respirava fundo e dizia para o Oriano: "Resposta absolutamente certa!!!"

namorinho de portão

Namorinho era no portão. Só quando o namoro ficava um pouquinho mais sério íamos para a sala da casa da namorada. Sentávamos no sofá e dávamos as mãos. Envergonhados, muitas vezes passávamos horas das noites de domingo assistindo à televisão junto com a família inteira. O melhor momento era o da despedida, em que ela ia até o portão e se houvesse chance saía um beijinho. Namorar no portão não era fácil. Cercado de vizinhos por todos os lados era impossível fazer outra coisa senão conversar. O portão de ferro da rua Major Vieira em Cataguases é testemunha ocular da minha história, do meu namorinho de portão, um namorinho de portão que nunca passou de um namorinho de portão.

ferro de brasa

Na Fazenda do Sertão não tinha eletricidade. Quando dava 6 da tarde e a claridade do dia começava a ir embora, Zé Barcelos saía recolhendo as lamparinas e acendendo uma a uma. Espalhava pela casa essas lamparinas, que deixavam um cheiro de óleo queimado em todos os cômodos. Foi nesse escurinho que sonhava em namorar Dodora, uma moreninha de olhos verdes que morava em Soberbo, um vilarejo perto da Fazenda do Sertão que não tinha nenhuma atração. Nenhuma mesmo, só Dodora, mas essa é outra história. Sem eletricidade não tinha água quente pro banho, não tinha televisão e não tinha ferro elétrico. A roupa era toda passada com um ferro de brasa, pesadíssimo e feioso. Não era brincadeira passar roupa com aquela coisa. Ele era feito de ferro e a tampa abria para que lá dentro jogássemos o carvão em brasa. Todo final de julho, quando voltava das férias para Belo Horizonte, levava uma mala cheia de roupa passada com ferro de brasa. Parecia roupa defumada.

discos de
78 rotações

O meu pai guardava no sótão da nossa casa um tesouro. Era uma caixa de papelão das tintas Renner transbordando de discos de 78 rotações. Transbordando mesmo, não dava sequer para fechar. Esses discos foram parar no sótão da nossa casa no dia em que ele comprou uma radiola e o primeiro disco de 12 polegadas só com canções paraguaias. Os novos discos eram grandes, leves e cheios de músicas, seis de cada lado. Aqueles velhos 78 rotações eram pesados, quebravam e tinham apenas uma música de cada lado. Eram discos das gravadoras Copacabana, Odeon e RCA Victor. Eles passavam o ano inteiro ali no sótão e só eram lembrados no início de dezembro,

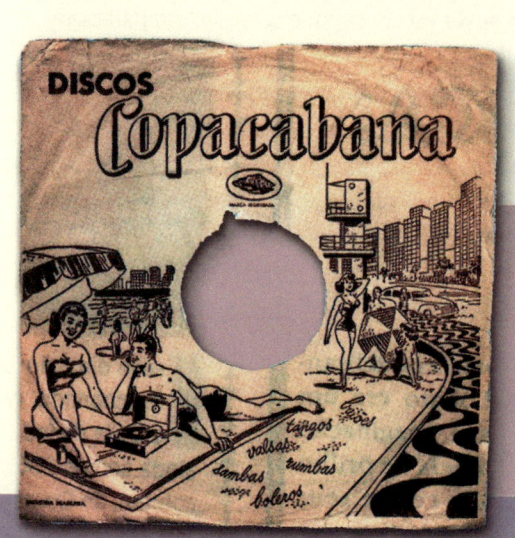

Nos discos de 78 rotações, os sucessos de Luiz Gonzaga e Ismael Silva.

quando subíamos no sótão para descer os personagens do presépio, a árvore e os enfeites de Natal. Esses discos estavam sempre cheios de poeira, mas mesmo assim ainda tocavam. Era nesses dezembros que o meu pai descia alguns discos de 78 rotações para relembrar suas canções que estavam ficando perdidas no tempo. *Asa Branca, Assum Preto, O Xote das Meninas, Dezessete Léguas e Meia*. Como o meu pai gostava de Luiz Gonzaga! Mas ali naquela caixa de tintas Renner tinha outros segredos. A *Praça Onze* de Herivelto Martins, o *Adeus* de Ismael Silva, a *Cantiga do Sapo* de Jackson do Pandeiro e os *Lábios Que Beijei* de J. Cascata e Leonel Azevedo.

grilo

A revista italiana *Linus* só era vendida na Livraria Van Damme e era muito cara. Por mais que juntasse dinheiro daqui e dali não dava para levar pra casa uma *Linus*, a revistinha que publicava as histórias de Charles M. Schulz. Um dia chegou às bancas uma revista chamada *Grilo*. Na verdade era um jornalzinho tablóide com as histórias em quadrinhos mais descoladas da época. Além dos Peanuts de Schulz, a *Grilo* publicava os Tumbleweeds de Tom Ryan, Pogo de Walt Kelly, o pré-histórico B.C. de Johnny Hart, o Wizard of Id de Brant Parker e Johnny Hart, as aventuras de Good Guys e os quadrinhos políticos de Jules Feiffer. Toda terça-feira era sagrada, tinha *Grilo* nas bancas. Foi nas páginas desse jornalzinho que me apaixonei por toda a família de Schulz. De Charlie Brown a Snoopy, passando por Woodstock, Lucy e Marcie e chegando ao Linus.

aula de judô na escola

Escola significava aula de 7 horas da manhã até o meio-dia, com um intervalo de 15 minutos para o recreio. Isso para quem estudava de manhã, para quem estudava à tarde era de 1 até 6 da tarde. Um dia alguém começou a inventar atividades na parte da tarde para quem estudava de manhã e atividades de manhã para quem estudava de tarde. Foi aí que comecei a fazer judô. Todos os meus colegas escolheram judô como atividade à tarde, ninguém queria fazer trabalhos manuais nem carpintaria. Infernizei minha mãe para ir ao Mundo Colegial comprar o meu uniforme. Era lindo, um quimono branquinho com uma faixa branca que eu sonhava um dia ficar preta porque sonhava um dia me tornar um grande campeão de judô. Aquilo não era apenas um esporte, era um modo de vida diferente. Mas logo no primeiro dia de aula, no primeiro golpe, quebrei o braço, e quebrar o braço significou ficar 45 dias com ele engessado. Minha carreira de judoca terminou ali.

mate-couro

Acredito que Mate-Couro só exista em Minas Gerais e em mais nenhum lugar do mundo. Não existe um café em Paris que venda refrigerante feito à base de chá-mate e chapéu-de-couro. Todo final de tarde o meu pai parava o jipe na porta da Padaria Savassi e pedia um Mate-Couro gelado. Quando o balconista via o Land Rover estacionar ele já abria a geladeira que ficava embaixo do balcão e ia passando a mão em cada uma das garrafas testando para saber qual estava mais gelada. Pegava uma, jogava o abridor pra cima e quando ele voltava para sua mão ia direto na boca do refrigerante, que fazia um shiiiiii no momento em que o meu pai entrava. De um só gole ele mandava para dentro aquele Mate-Couro estupidamente gelado. O balconista sabia que o velho gostava também de uma fatia de presunto espanhol, que tirava da máquina e entregava nas mãos dele protegida por um papel-manteiga. Que vontade de chegar num café que tem aqui na esquina do boulevard Saint-Michel com Saint-Germain e pedir: *"S'il vous plâit! Un Mate-Couro stupidement glacé!"*

casas
huddersfield

Quando meu pai percebia que nossas camisas estavam perdendo a cor e os colarinhos ficando puídos, ele dava a palavra de ordem: "Amanhã vamos à Huddersfield!" Ir às Casas Huddersfield significava tirar o velho Land Rover da garagem e ir até o centro da cidade comprar tecidos. As Casas Huddersfield eram enormes e vendiam todos os tipos de tecido. Da alpaca ao tropical inglês. Da popelina à seda pura. Do organdi ao veludo côtelé. Íamos às Casas Huddersfield comprar basicamente tecidos para fazer camisas, tecido branco, creme, bege. Com o passar do tempo as Casas Huddersfield foram se modernizando e vendendo tecidos coloridos para camisas, vermelhos, azuis e até cor-de-rosa.

Mas cor-de-rosa o meu pai nunca comprou. "Camisa cor-de-rosa é coisa de mariquinha." Saíamos dali com uma pilha de tecidos e na mesma semana minha mãe chamava a costureira em casa, que tirava as medidas, fazia os moldes e depois as camisas. Modernas, com dois bolsos na frente e botãozinho na gola, chiquérrimas! Na porta das Casas Huddersfield tinha uma placa com o slogan: "Difícil de pronunciar, fácil de achar!"

mecânica popular

Meu irmão que sonhava ser engenheiro mecânico assinava e recebia todos os meses a revista *Mecânica Popular*. Enquanto eu sabia tudo de Fórmula 1, dos pilotos e de suas máquinas maravilhosas, o meu irmão entendia do funcionamento das coisas. Era nas páginas da *Mecânica Popular* que ele acompanhava o progresso da ciência, e vivíamos trocando figurinhas. Ele entendia tudo de automóvel, lancha, aviões e câmeras fotográficas. Conhecia a fundo o mecanismo do Skynight, o mais versátil bimotor leve do mundo. Conhecia tudo sobre o Karmann-Guia, inclusive que seu desempenho nas estradas era estupendo graças à introdução do chamado quinto amortecedor. Meu irmão lia, relia e colecionava a revista *Mecânica Popular*. Foi nessa revista que leu as primeiras notícias do novo Chrysler de turbina a gás, do sucesso dos faróis de milha Cibié e do lançamento da Polaroid em cores. Às vezes, à noite, enquanto eu lia a *Autoesporte* ele me interrompia para ler uma nota da *Mecânica Popular*: "Um coração materno mecânico para acalentar bebês até adormecer foi

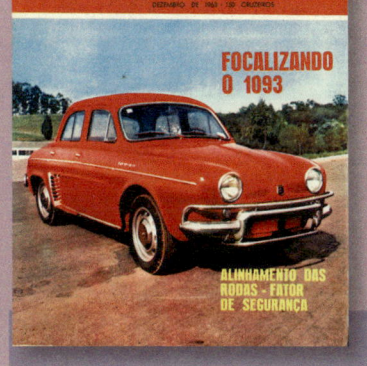

Nas páginas da revista *Mecânica Popular* acompanhávamos o progresso da ciência e da tecnologia.

aperfeiçoado por uma companhia japonesa. O aparelho, movido a bateria, palpita audivelmente e, quando colocado perto do bebê no berço, proporciona à criança um sentido de segurança que atrai o sono – diz a companhia".

magiclick

Quando o meu pai chegou da repartição com aquele embrulhinho nas mãos achei que os fósforos marca Olho, Pinheiro e Beija-Flor estavam com os dias contados. O meu pai trazia um Magiclick, a mais nova e revolucionária invenção tecnológica. O Magiclick era um acendedor de fogão moderníssimo, bastava girar o botão para sair o gás e apertar o botãozinho do Magiclick que o fogo aparecia. Um show! Os cinco filhos se reuniram em volta do fogão para que meu pai ensinasse minha mãe a pôr o Magiclick em funcionamento. "Um, dois e... fogo!" Quando o meu pai apertou o botão daquela engenhoca ficamos admirados. Adeus, fósforos! Por falar em fósforos, um dia um amigo meu chegou em casa de surpresa e encontrou as quatro bocas do fogão acesas e nenhuma panela no fogo. Ele perguntou à empregada o que significava aquilo, e ela respondeu na lata: "É pra economizar fósforo". Esse meu amigo acabou comprando um Magiclick para ela.

quarto de hóspede

O mundo era tão espaçoso que toda casa tinha um quarto de hóspede que passava boa parte do ano vazio, arrumadinho, sempre pronto para quando um hóspede chegasse. O quarto de hóspede tinha uma cama de solteiro com lençóis brancos de algodão. O travesseiro era de paina e as toalhas, de banho e de rosto, também brancas. Uma saboneteira acolhia o sabonete Phebo, que deixava um perfume permanente no ar. O quarto de hóspede tinha uma cômoda para o hóspede guardar a roupa e uma cadeira para ele colocar a mala. Em cima da cômoda uma bilha de água vazia, que só se enchia quando a visita chegasse. Era um quarto silencioso, com cortinas finas e um tapete pequeno no chão, bem ao lado da cama, para que o hóspede não pisasse no chão. O quarto tinha uma pilha de *Seleções* do Reader's Digest antigas num canto e no outro uma coleção completa da *Barsa*. Uma vez por semana espanava e varria o quarto de hóspede, que tinha na parede um quadro a óleo de uma paisagem do interior, uma casinha de sapé, uma montanha ao fundo, um riacho e uma árvore frondosa cheia de frutas.

mandiopã

Não havia no mundo nada mais prático e rápido que Mandiopã. Primeiro: coloque o óleo na frigideira e deixe ficar bem quente. Segundo: despeje o Mandiopã aos poucos. Terceiro: em segundos ele fica pronto. Quarto: tire rapidamente com uma escumadeira. Quinto: escorra sobre papel absorvente. Sexto: adicione sal a gosto e o Mandiopã está pronto. Não tinha nada melhor que acompanhar as aventuras do Zé Colméia, Pepe Legal, Manda-Chuva e Bibo Pai e Bob Filho comendo Mandiopã. Dizem que o segredo da massa é guardado a sete chaves, como o da Coca-Cola. Quem inventou o Mandiopã foi um tal de Antônio Gomercindo, e ele nunca revelou o segredo a ninguém. Acho que, na verdade, o segredo mesmo era fazer aquela massa estourar como pipoca quando colocávamos na frigideira com óleo bem quente.

Fromages de Fran

Como não existe a palavra saudade em francês, só podíamos mesmo ter saudade do Brasil.

rolling stone brasileira

Foi no dia 1º de fevereiro de 1972 que comprei o número 1 da edição brasileira do jornal *Rolling Stone*. Caetano Veloso, voltando de um longo e tenebroso exílio, estava ali exposto na capa sem camisa, embrulhado numa manta de pele, talvez a mesma em que aparece na capa do seu disco do exílio. "Caetano está aí", dizia a manchete de uma capa roxa. Durante um ano a *Rolling Stone* brasileira fez a cabeça de toda uma geração. Era ali que estavam as notícias de Bob Dylan, de Alice Cooper, de Cat Stevens, do The Who, dos Beatles e dos Rolling Stones. O jornal estava, como nós, com os pés na estrada, on the road. Falava de feminismo e androginia, de drogas e experiências comunitárias, de underground e porra-louquice. Na seção de cartas – Correspondência & Consultório Sentimental –, os bichos desciam a lenha e rasgavam elogios à lucidez e à loucura da época. "Amizades, amanheci grilado hoje!" Na seção de classificados vendia-se de tudo, principalmente o som de vinil do Led Zeppelin, do Jimi Hendrix, do Emerson, Lake & Palmer. Um dia o sonho acabou.

carrinho de rolimã

O primeiro campeonato mundial de carrinhos de rolimã aconteceu na Superquadra 405 Sul, em Brasília, tínhamos certeza disso. O carrinho de rolimã era feito com dois pedaços de madeira e quatro rodinhas de rolimã, e foi ali na 405 que eu, Careca,

Henrique e Dedê organizamos o primeiro campeonato mundial de carrinhos de rolimã. O circuito foi traçado com uma pedra de cal. Tinha curvas e retas e até pit stop. Os carrinhos eram envenenados e cada um tinha um número e vários adesivos da Shell, da Esso, da Atlantic, do John Player Special e um da Supervinco, um tecido que não amassava nunca. O meu carrinho era número 22. Eu gostava desse número porque meu pai dizia que eram dois patinhos na lagoa. Com o 22 ganhei várias corridas, mas nunca fui campeão. Careca, sim, era o Fittipaldi do rolimã.

menino da parquetina

Todo mundo adorava aquele menino da embalagem da cera Parquetina. Ele usava um macacão vermelho e os seus sapatos eram feitos de escova. O menino da Parquetina brilhava qualquer chão. O alpendre da minha casa era de chão vermelho e não tinha nada melhor que a Parquetina para encerá-lo. Toda sexta-feira a minha mãe lavava o alpendre e depois secava com um pano de chão. Então, ela começava a espalhar a cera Parquetina com uma flanela. Em círculos, ela ia deixando aquele chão vermelhinho da silva. Esperava secar e vinha com a enceradeira. Depois da enceradeira eu pedia a minha mãe para ficar ali escorregando num pano de chão, imitando o menino da Parquetina.

a moeda número 1 do tio patinhas

Ficávamos impressionados com a riqueza do Tio Patinhas. Ele tinha um depósito de moedas e seu esporte predileto era nadar naquele mar de dinheiro. Mas dizem que o segredo daquele quaquilionário era a tal moeda da sorte, a primeira que ele conseguiu na vida e valia 1 pataca. O Tio Patinhas guardava essa moeda numa almofada, debaixo de uma cúpula de vidro. O sonho da Maga Patalógica era ter essa moeda. Ela acreditava que com esse talismã na mão formaria também um império, o que nunca aconteceu. Um dia Caetano Veloso citou o amuleto do Tio Patinhas numa canção chamada *Superbacana*. Ele cantava assim: "A moeda número 1 do Tio Patinhas não é minha". Nem minha, uma pena.

bondinho

Um dia um bando de jornalistas se juntou para fazer a revista mais moderna que já existiu no Brasil. Sérgio de Souza, Narciso Kalili, Roberto Freire, Woile Guimarães, Milton Severiano da Silva, Hamilton Almeida, Marcos Faerman e muitos outros. A idéia genial começou ao chamar de *Bondinho* a revista do supermercado Pão de Açúcar. Ela começou como uma revista distribuída nas lojas, mas depois criou asas e voou. Era uma época em que os discos mais vendidos eram os do Led Zeppelin, dos Bee Gees, do Steppenwolf, do Rod Stewart e do

King Crimson. Só mesmo a *Bondinho* para publicar as tiras sacanas de Wolinski e uma reportagem de doze páginas sobre mutação. A revista entrevistava Caetano, Gil, Jorge Mautner, Roman Polanski, Simone de Beauvoir. Falava de música, teatro, literatura, drogas, psicodelismo, viagens e mais viagens. Falava do Afonsinho e do Hermeto Paschoal. A revista tinha uma seção de cartas e encontros e outra de classificados. Um dia o José Ribamar Soares, da Tesouraria da Cotelb, em Brasília, escreveu um bilhete desesperado: "Estou caçando, vivo ou morto, o compacto de Barry Ryan com a música *Eloise*. Topo qualquer parada para conseguir esse disco. Só espero que não façam sacanagem comigo".

dona olympia

Todo inverno íamos a Ouro Preto. Íamos de ônibus curtir o frio. Vestíamos poncho, meias de lã e jogávamos a mochila nas costas. Era lá que estava dona Olympia nos esperando. Ninguém sabia que o seu nome completo era Olympia Angélica de Almeida Cotta, vinda de Santa Rita Durão. Era simplesmente dona Olympia, uma hippie de uns 70 anos, colorida dos pés à cabeça. Com um cajado nas mãos perambulava pelas ruelas de Ouro Preto contando histórias vividas e imaginárias, histórias que nunca soubemos se vivenciara realmente. Dona Olympia tinha um cheiro permanente de fumo e se orgulhava de ser a história ambulante de Ouro Preto. Com flores na cabeça, saia rodada, mais parecia um parangolé ambulante. Dona Olympia tirou fotos com Vinicius de Moraes, com Tom Jobim e com Juscelino Kubitschek. Era uma dama na contramão que ganhou uma música linda de Toninho Horta e

Ronaldo Bastos, na voz de Milton Nascimento, que diz assim: "Vai e não esquece de chorar/Vê se não esquece de mentir/Dizer até amanhã/E não regressar mais/Vê se não esquece de sumir".

o pif paf

Eu era ainda muito pequeno, mas me lembro, vagamente, daquelas duas páginas semanais que Millôr Fernandes, então Emmanuel Vão Gogo, fazia na revista *O Cruzeiro*. Usava calças curtas, não gostava de verduras e cortava o cabelo como o príncipe Danilo. Mas me lembro daquelas páginas semanais, sem estilo, uma mistura de humor e filosofia, pensamento e poesia. *O Cruzeiro*, para mim, era uma revista grande, colorida, com algumas reportagens sensacionalistas de David Nasser, com as garotas do Alceu, o Amigo da Onça e aquelas duas páginas do Millôr. Ele deixou *O Cruzeiro* decidido a fazer sua própria revista. Reuniu a inteligência de Ipanema e, com a cara e a coragem, colocou o *Pif Paf* nas bancas no dia 1º de junho de 1964, dois meses depois do golpe militar. Logo no segundo número, os editores avisavam na primeira página: "Muita gente reclamou do papel do nosso primeiro número. Não estamos vendendo papel. Estamos vendendo idéias". Lá estava o humor fino de Leon Eliachar ("o pior do alpinismo é a volta") e sempre Millôr ("chamava-se Aurora, mas nunca levantava antes do meio-dia"). Lá estavam os traços requintados do Fortuna, do Claudius, do Ziraldo e de um tal de Santiago, que veio lá do Piauí. Nas entrelinhas, a revista afirmava: "Dinheiro é o cartão de crédito do pobre". Lá estavam as mulheres de monoquíni e as brincadeiras com o presidente Castelo Branco. A brincadeira durou pouco.

Revista *Pif Paf*. Mais uma vítima do regime.

No último número, o oitavo, um aviso na última página: "Se o governo continuar deixando que circule esta revista, com toda a sua irreverência e crítica, dentro em breve estaremos caindo numa democracia".

o condor do cinema

Sábado as matinês no Cine Pathé eram sagradas. Para economizar o dinheiro do ônibus e comprar balas de goma na porta do cinema, íamos a pé até a praça Diogo de Vasconcelos para ver chanchadas brasileiras e filmes americanos. Quando era filme americano a expectativa era grande logo depois das propagandas, do jornal de Primo Carbonari e do *Canal 100*. A expectativa era saber se a fita era da Condor Filmes. Quando aparecia aquela montanha enorme e pontiaguda, fazíamos a festa. Lá em cima, no topo, estava o condor, uma ave que nunca tínhamos visto ao vivo, só no cinema. O logotipo ia se formando, fixava na imagem da ave e de repente o condor saía voando. Mas tínhamos tempo de espantá-lo. Era ele aparecer que começávamos a gritar "xiiiii, xiiiii, xiiiii..." até que ele saísse voando. Tínhamos certeza que se não gritássemos o condor ficaria ali parado naquela montanha, alta e pontiaguda, a vida inteira. Tínhamos certeza que se não espantássemos aquele bicho o filme nunca começaria. Por isso sempre que ele aparecia lá vinha o "xiiiii..."

caleidoscópio

As nossas primeiras viagens psicodélicas foram através de caleidoscópios. Todo mundo tinha um, às vezes mais de um. Aquele brinquedo era um mistério pra gente. O caleidoscópio era um tubo de papelão grosso cheio de miçangas dentro, protegidas por uma ou duas placas de vidro. Para viajar naquelas imagens era preciso virar o caleidoscópio para a luz e ir girando o tubo. As imagens iam se formando, as mais variadas possíveis. Achávamos que nunca se repetiam. Quanto mais íamos virando aquele tubo mais as imagens iam aparecendo, diferentes e maravilhosas. Caleidoscópio era presente certo nas festas de aniversário e teve um ano em que ganhei três diferentes. Sempre tive muita vontade de abrir um para descobrir o segredo da fabricação. Mas nunca abri, sempre guardei comigo o mistério da fabricação do caleidoscópio que tantas viagens me proporcionou.

anágua

O meu pai sempre dizia que o mundo estava ficando muito moderno e as mulheres perdendo a vergonha. No tempo dele elas usavam, além de calcinha e sutiã, saias rodadas e compridas e por baixo corpete, cinta-liga, anágua e combinação. Eu me lembro perfeitamente que minhas colegas de colégio, todas, usavam anágua. Anágua de seda, cor-de-rosa, branca, bege. Quando as saias começaram a subir as anáguas começaram a aparecer. Quando minhas colegas andavam no recreio rumo à cantina dava pra ver a rendinha da anágua aparecendo. Eu não sei bem para

Pinduca

que servia uma anágua, talvez para esconder a marca da calcinha ou para engrossar a saia plissada azul-marinho que usavam. Aos poucos a anágua foi desaparecendo, acho que quando as mulheres começaram a queimar os sutiãs, mas isso é outra história.

pinduca

Meus heróis mudos eram Charles Chaplin, Buster Keaton, Jacques Tati e o Reizinho. O meu herói careca era o palhaço Carequinha. Agora, o meu herói mudo e careca era o Pinduca. Pinduca era inexplicavelmente mudo e careca e nós nunca questionávamos o porquê nem o chamávamos de excepcional, apesar de ser um garoto bacana, excepcional mesmo. Pinduca era uma espécie de mineirinho come-quieto, aprontava das suas, mas sempre na dele, sem dar uma palavra. O seu verdadeiro nome era Henry, mas ninguém nem sabia disso direito, era Pinduca. Dava uma certa aflição ficar observando aquelas tirinhas no jornal *O Globo* e não ver nada escrito. Mas ao mesmo tempo dava um certo alívio quando minha mãe dizia: "Pára de ler história em quadrinhos e vai estudar!" Aí eu dizia: "Eu não estou lendo!", e mostrava a ela os quadrinhos do Pinduca.

> Pinduca era uma espécie de mineirinho come-quieto. Caladinho, aprontava das suas.

aqualoucos

Belo Horizonte não era uma metrópole, mas de vez em quando assistíamos a grandes espetáculos. Holiday on Ice, Circo do Orlando Orfei e as mulatas do Sargentelli. Nós ficávamos loucos quando víamos no jornal *Estado de Minas* o anúncio da chegada dos Aqualoucos. Era um grupo de malucos vestidos com maiôs listrados dos anos 30 que se apresentavam na piscina do Minas Tênis Clube. Os espetáculos eram sempre aos sábados e às vezes repetiam no domingo. Quando repetiam, eu sempre ia nos dois dias. Era um show! Eu, que não sabia nadar, não conseguia entender como aquele bando de malucos fazia aquelas peripécias no ar e caía dentro d'água. Até de bicicleta eles pulavam do trampolim para a piscina. Faziam trapézio, e lá iam todos juntos se esborrachar na água. Era uma palhaçada atrás da outra. Corriam risco, mas nunca tive notícia de acidente, nunca soube que um aqualouco morreu afogado ou quebrou a espinha numa dessas brincadeiras. No tempo dos aqualoucos não era costela, era espinha.

filmes de faroeste

"Vamos ver um bang-bang!", era assim que a turma do bairro do Carmo decidia o que fazer nas tardes de domingo. E lá íamos nós. Os filmes eram em branco e preto e nada de histórias cabeça. O cenário era bem simples, as construções eram de madeira e a cidade tinha uma única rua. Era lá que ficavam a casa do xerife, o saloon e os correios, palcos de grandes quebradeiras entre o bem e o mal. Como gostávamos daqueles duelos no meio da rua empoeirada. Como gostávamos daquelas cenas dos heróis abrindo a portinha do saloon espalhando o ódio e a vontade de brigar. Como gostávamos daquelas perseguições a cavalo pelas estradas do Arizona, Utah e Colorado que pareciam não ter mais fim. Era *Matar ou Morrer*, tudo *Por Um Punhado de Dólares*, muitas vezes um *Dólar Furado*. Em casa criávamos nossas próprias histórias montados em cavalos de pau feitos de cabo de vassoura. Nelas sempre havia índios apaches e o último dos moicanos.

pimentinha

Quando era pequeno Davi, meu primo, era o capeta em forma de gente. A fama dele corria solta. Quando Léia, a mãe de Davi, anunciava que faria uma visita a nossa casa, minha mãe entrava em pânico. A primeira coisa que fazia era subir todos os enfeites, não deixava um bibelô, um cinzeiro, um abajur sequer à vista. Ia tudo para cima do armário. O baleiro ela escondia e até mesmo os botões da televisão ela cobria com um pano para que Davi não os visse. Quando o carro de Zé de Léia, o pai de Davi, apontava na esquina já sentíamos a presença dele. Davi vinha não somente com a cabeça pra fora, vinha com a metade do corpo pro lado de fora do carro. E o pior: soltando gritos de guerra! Em um minuto Davi já tinha feito o corrimão do nosso alpendre de tobogã. Subia e descia de uma árvore com a agilidade de mico-leão-dourado. Davi era baixinho, loiro e, como dizia minha mãe, encapetado. Usava um macacão jeans e tênis furado de tanto chutar pedras.

Gostava também de atirar pedras. E não só atirar, gostava também de riscar paredes, brigar com o irmão, com os vizinhos e com quem aparecesse pela frente. O Pimentinha, que também era chamado de Denis, o Travesso, era um doce perto de Davi. Mas o personagem de Hank Ketcham era o retrato falado do meu primo Davi. Loiro, baixinho, macacão, tênis furado e um capeta.

> Loiro, baixinho, um capeta. Pimentinha era o retrato falado de um primo chamado Davi.

escoteiro

No dia seguinte que resolvi ser escoteiro, o meu pai me levou no centro da cidade para comprar o uniforme. Era uma bermuda cáqui e uma camisa cheia de bolsos. Uma meia três-quartos branca e uma bota preta. Um lenço para colocar no pescoço, um chapéu de feltro e tinha mais: uma mochila de lona e um aparato enorme de sobrevivência na selva – cantil, canivete, corda e duas marmitas de alumínio que vinham com garfo, faca, colher e um abridor de latas. O *Manual do Escoteiro* preparado por Baden-Powell, não o compositor, mas sim o lorde Robert Stephenson Smyth Baden-Powell, era a bíblia do bom moço. Confiança, lealdade, presteza, amizade, cortesia, respeito e proteção da natureza, responsabilidade e disciplina, ânimo, integridade, bom senso e respeito pela propriedade. Li atentamente aquelas regras e me preparei para a primeira excursão, num bosque perto de Lagoa Santa. Foi um fim de semana inesquecível, desbravamos matas, cortamos caminhos, enfrentamos moscas e mosquitos e de noite acampamos. Fizemos nosso jantar, que era macarrão com sardinhas Coqueiro. Comemos com pão de forma e de sobremesa tinha mangada. A partir daquele dia podia chover ou fazer sol que eu estava "sempre alerta!"

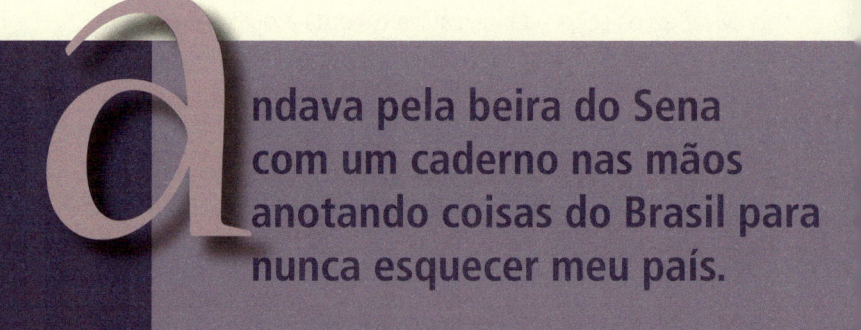

andava pela beira do Sena
com um caderno nas mãos
anotando coisas do Brasil para
nunca esquecer meu país.

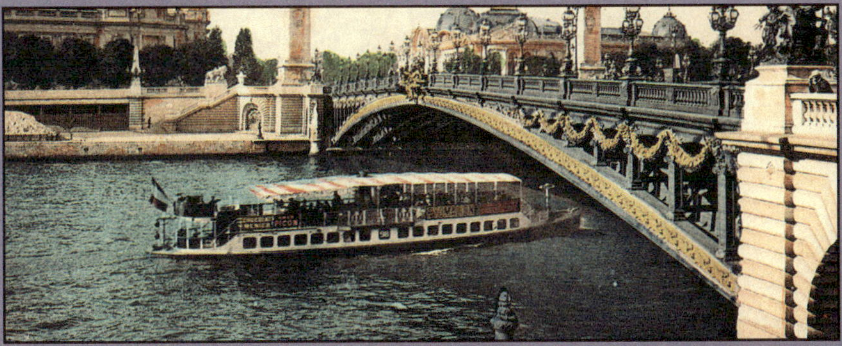

Com o Brasinha era assim: "...e que tudo mais vá pro inferno!"

brasinha

Eu morria de medo de queimar no fogo do inferno. Havia uma oração que minha mãe rezava toda noite que dizia isso: "Queimai no fogo do inferno!" Era no inferno que vivia o diabo, o capeta, o demônio. O meu pai, quando fazia uma lista, sempre terminava com um tal de "diabo a quatro". Quando ele queria se ver livre de alguém costumava dizer em bom português: "Vá pro diabo que o carregue!" E quando uma pessoa ia embora ele brincava: "Vá com Deus até que o diabo alcance". Quando eu pensava na morte, o purgatório até que passava, mas inferno não. Tinha pavor do demônio até o dia em que comprei o primeiro número da revista *Brasinha*, um diabinho tão camarada quanto o fantasma Gasparzinho. Ele aparecia de corpo inteiro na capa da revista, que queimava no logotipo. O Brasinha era tão bacana que eu nem me importava mais em passar uma temporada no inferno, ora brasas!

paçoca amor

Eu tinha apenas 15 minutos de recreio naquele colégio que ficava na Asa Sul de Brasília quando a capital do país ainda estava começando, era só poeira e alguns candangos. Entre 9 horas e 9h15, esse era o tempo que tinha para correr até a cantina e comprar o meu lanche. Mas, como eu estava apaixonado por uma moreninha da qual não lembro mais o nome, esse tempo parecia mais e mais curto. O lanche era geralmente um biscoito Mirabel e um refrigerante. Eu gostava muito de Crush, mas o meu dinheiro não era todo dia que dava pra comprar um Mirabel e um Crush. Às vezes eu ficava só no biscoito ou, quando estava com muita sede, só no Crush. No dia em que começaram a vender a paçoca Amor na cantina do meu colégio a dúvida aumentou. Como eu era apaixonado por paçoca e também por aquela moreninha da qual não lembro mais o nome, a coisa piorou. Ficava sem saber se comprava o Mirabel, o Crush, uma paçoca Amor para mim ou uma paçoca Amor para ela. Tinha certeza que se criasse coragem e comprasse uma paçoca chamada Amor para a moreninha ela ia entender que eu estava mesmo apaixonado por ela. A embalagem não deixava dúvidas, era um coração vermelho bem grande com a palavra Amor dentro dele e também fora. Nunca criei coragem para entregar a ela aquela declaração explícita de amor.

vale quanto pesa

Era sem dúvida o sabonete mais popular do Brasil. E segundo o meu pai valia mesmo quanto pesava. Enquanto a concorrência se sofisticava no nome – Gessy, Lever, Lux –, o sabonete Vale Quanto Pesa fazia jus ao nome. Ele vinha embrulhado num papel amarelo e branco e era um tijolo. As famílias eram numerosas e nada mais econômico que dar banho nos filhos com o tal Vale Quanto Pesa. Ele só perdeu terreno quando a concorrência inventou de colocar a chave de um automóvel dentro do sabonete. Foi uma promoção que tomou conta do país. Lá em casa ninguém esperava o sabonete ir diminuindo pra ver se tínhamos tirado a sorte grande e o carro zero. Quando a minha mãe chegava do mercado a gente metia a faca nos sabonetes, mas nunca achamos a tal chave.

Para uma família de cinco filhos, sabonete econômico era o Vale Quanto Pesa.

recruta zero

Quando estava perto de fazer 18 anos fui convocado a me apresentar ao Exército Brasileiro. Eu, que odiava o regime militar, agora teria de servir à pátria, cortar minha juba de leão e vestir aquela farda verde-oliva. Queria morrer. Soube que para ser admitido precisava ter no mínimo 50 quilos. E eu pesava exatos 52. Dois dias antes de me apresentar tive uma idéia. Ir de Belo Horizonte até Ouro Preto a pé para perder peso. Acordei cedo, vesti um tênis Bamba, uma bermuda de algodão, uma camiseta do vovô, e lá fui eu. Levava numa sacola alguns sanduíches de patê, algumas bananas e uma garrafa de água. Caminhei, caminhei, caminhei. A estrada era estreita e perigosa, mas mesmo assim fui seguindo, sem jamais sentar à beira do caminho. Não cheguei a Ouro Preto. Quando percebi que estava entregando os pontos, atravessei a estrada e numa parada de ônibus fiz sinal para um que estava escrito assim: Belo Horizonte. Cheguei em casa desfalecido. Acordei no dia seguinte e fui cedo me apresentar. Nunca soube se fui dispensado porque estava pesando apenas 49 quilos. No momento em que aquele sargento Tainha me entregou um pedaço de papel escrito "Dispensa do Serviço Militar" eu me senti o Recruta Zero.

Um dia resolvi ir de Belo Horizonte a Ouro Preto a pé para perder peso e escapar do regime militar.

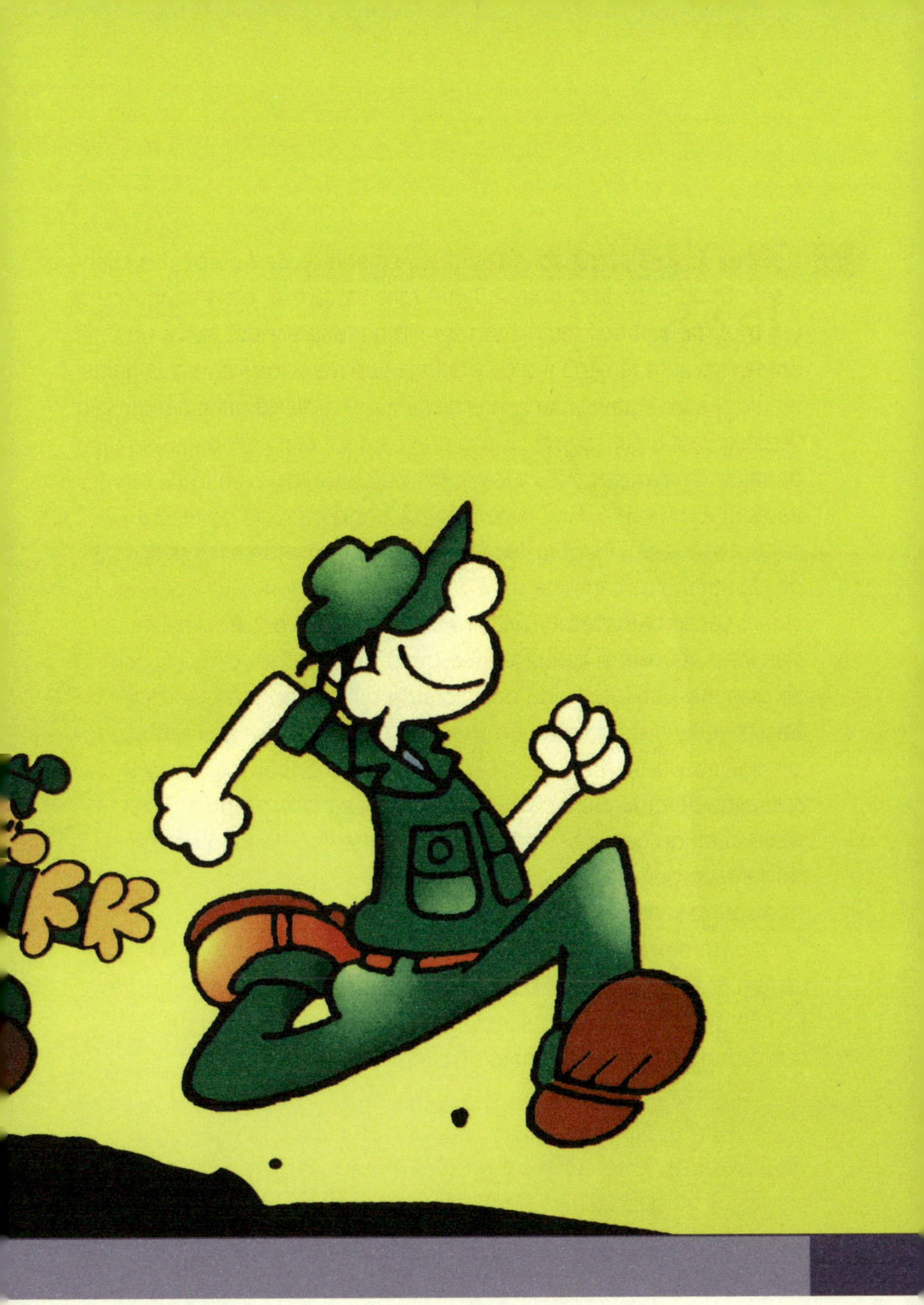

a seleção de 58

O jogo estava marcado para começar às 10 horas em ponto. Quando o sino da Igreja do Carmo deu a décima badalada nosso time já estava em campo. Era um campinho de terra, mas a partida era um clássico: Rio Verde X Grão Mogol. Nosso uniforme era vermelho e preto e todos os jogadores naquele dia estavam estreando as sungas Big, a última novidade.

O campinho ficava no terreno da casa do doutor Asplênio, bem na divisa entre as ruas Rio Verde e Grão Mogol, uma espécie de Faixa de Gaza. Quando o juiz apitou o início do jogo, eis que Serginho Pimenta dispara um foguete do meio do campo e marca um golaço. Serginho Pimenta era sem dúvida o pior jogador do time, aquele que mal e parcamente sabia quem era a bola. Mas aquele bicudo que ele deu no primeiro segundo de jogo entrou para a história.

O pior de tudo que o goleiro era eu.

Fiquei traumatizado para o resto da vida com aquele petardo certeiro de Serginho Pimenta. Não vi a cor da bola e passei os outros 89 minutos do tempo regulamentar assustado, com medo de vir outro chute de Pimenta, irmão de Lambreta.

Sempre fui goleiro.

Nunca joguei no ataque, nunca marquei um gol na minha vida. Gostava de ser goleiro e gostava de carregar nas costas o número 1 bordado à mão por dona Suade, mulher de Chain.

Sonhava ser Manga, Castilho, Barbosa, aquele que levou o segundo gol do Uruguai na Copa de 50, quando eu estava nascendo.

Usava luvas como Lev Yashin, o "Aranha Negra", e me orgulhava de ter pego dois pênaltis numa final de campeonato no Colégio Marista. Saí de campo carregado.

    Mas eu sonhava mesmo era ser Gilmar, o goleiro da seleção de 58, aquela que tinha também Djalma Santos, Belini, Orlando, Nilton Santos, Zito, Didi, Garrincha, Vavá, Pelé e Zagalo. Gilmar era elegante e foi ele quem segurou a taça após a conquista do primeiro campeonato, na Suécia. A caixinha de fósforos com a fotografia do Gilmar foi a única que sobrou da minha coleção de caixinhas de fósforos.

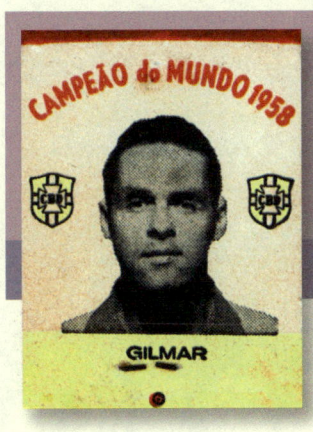

O meu sonho dentro de campo era ser goleiro. Não um goleiro qualquer. O meu sonho era ser Gilmar.

Fim
parte 2

DISCO DE BOLSO

A

Zem Produtora Musical Ltda.
Cinematográfica e Editora de Discos
CGC 34111195/001 Insc. Est. 41594400
T CDP 12.093 GB 1972
Fabricado pela Companhia Brasileira de Discos
Estrada das Furnas, 1467 – Rio de Janeiro – GB
Indústria Brasileira

Águas de Março
Antonio Carlos Jobim
autor, compositor e intérprete

...fonográfico e dos ... reservados.
...fusão

PARTE 3

trilha
sonOra

mom ant

anarquia

O aparelho era pequeno, portátil, mono. Tinha duas minúsculas caixas de um som que saía tosco, sem o menor sinal da alta tecnologia. Ele ficava em cima da única mesa que tínhamos na sala, uma tábua enorme forrada de fórmica alaranjada apoiada por dois cavaletes de madeira. Os discos, feitos de vinil, eram poucos. *The Dark Side of the Moon* comprado com um ano de atraso, *Billion Dollar Babies* do Alice Cooper e *Band on the Run*, que mantinha de pé o sonho dos Beatles forever. No mais era uma caixa de papelão cheia de fitas K7 da Basf que gravamos durante os últimos meses de Brasil. Gravamos e anotamos o nome das canções em fichas de cartolina pautadas. Os Mutantes conviviam em perfeita harmonia com Jackson do Pandeiro, os tropicalistas estavam ali lado a lado com Dolores Duran, Tito Madi e Antônio Maria. Mas a memória diariamente tentava buscar as músicas que não estavam ali naquela caixa, que ficaram perdidas a mais de 10 mil quilômetros. Uma delas era *Anarquia*, a segunda faixa do lado B de um disco de Ronnie Von, em que ele aparece sem camisa na capa, no centro de um desenho psicodélico amarelo, verde, vermelho e azul. O disco começava com um pequeno discurso, era tudo que minha memória guardara: "Olha, eu não sei de onde venho nem para onde vou. Ninguém me escuta, nem sei quem sou. Procurei o meu caminho no vento, mas ele não soprou..." Durante muitos anos andei pelas ruas de Paris tentando recuperar cada faixa do disco. *Meu Novo Cantar, Espelhos Quebrados, Mil Novecentos e Além, Silvia: Vinte Horas, Domingo* e até mesmo *Lábios Que Beijei*, de J.Cascata e Leonel Azevedo. Nas primeiras noites de Paris eu buscava desesperadamente na memória uma Anarquia, nem que fosse aquela de Ronnie Von: "Prepare tudo que é seu/Veja se nada esqueceu/Pois amanhã vamos pra rua/Fazer uma tremenda anarquia/Pintar as ruas de alegria".

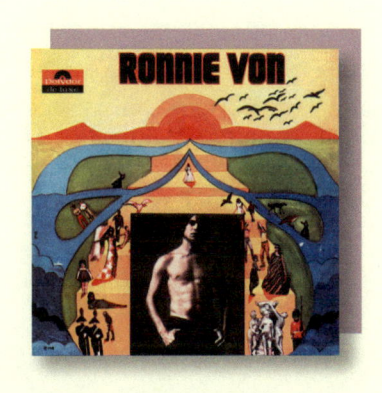

das terras
de benvirá

Quando chegamos a Paris, poucos dias depois soubemos que Geraldo Vandré perambulava pelos campos da Bélgica. Estava muito cabeludo, com uma barba grande e os olhos cheios de melancolia.

Era um Vandré muito diferente daquele moço de cabelo curto, barba feita e um moletom vermelho empunhando um violão no Maracanãzinho, caminhando, cantando e seguindo a canção. Foi nesse clima que um dia bati os olhos numa prateleira da Raoul Vidal e enxerguei o disco *Das Terras de Benvirá*. Ele estava ali exposto à visitação pública, um Geraldo Vandré dentro de uma gota d'água quase congelada, à beira de despencar de um galho de pinheiro, o retrato falado da tristeza profunda. Ouvir o disco por inteiro só fez aumentar nossa solidão. O exílio era cruel e deixara Vandré completamente perdido nas terras de Benvirá. Agora ele entrava na nossa casa através de um disco melancólico gravado inteiramente na França, certamente durante um longo e rigoroso inverno. Logo nos primeiros acordes da primeira faixa – *Na Terra como no Céu* –, ele dizia a que veio: "Não viemos por teu pranto/ Nem viemos pra chorar/Viemos ao teu encontro".

índia

Tínhamos um gravador Sharp forrado com uma capa de couro preta que era nosso salva-vidas, a arma que trouxemos do Brasil para ser usada nas noites em que a saudade apertava. Ouvia umas dezoito vezes seguidas uma música cafona de J.A. Flores e M.O. Guerrero chamada *Índia*, uma guarânia paraguaia que o meu pai escutava depois de tomar muitos copos de cerveja nos domingos enquanto preparava a nossa macarronada. Ele gostava muito de cantar o refrão "índia, teus cabelos nos ombros caídos...", e eu me envergonhava muito dessa música que ele colocava no volume máximo para os vizinhos ouvirem também. Nos primeiros dias de Paris fui buscar refúgio nos braços dessa índia paraguaia tão fora de moda na voz de Gal Costa. Como eu gostaria de ter aquele long-play da Gal por inteiro para poder ler o encarte, acompanhar as letras e curtir a capa, uma Gal trajando um minúsculo biquíni vermelho, segurando um saiote de palha bem índia e no peito um colar de sementes. A capa foi censurada e o disco só pôde ser vendido dentro de um saco plástico azul. Se não fosse assim, toda seminudez seria castigada. Como eu me arrependi de não ter gravado nessa fita K7 outras canções desse disco. *Pontos de Luz* de Jards Macalé e *Volta* de Lupicínio Rodrigues: "Volta/Vem viver outra vez ao meu lado/Não consigo dormir sem teu braço/Pois meu corpo está acostumado..."

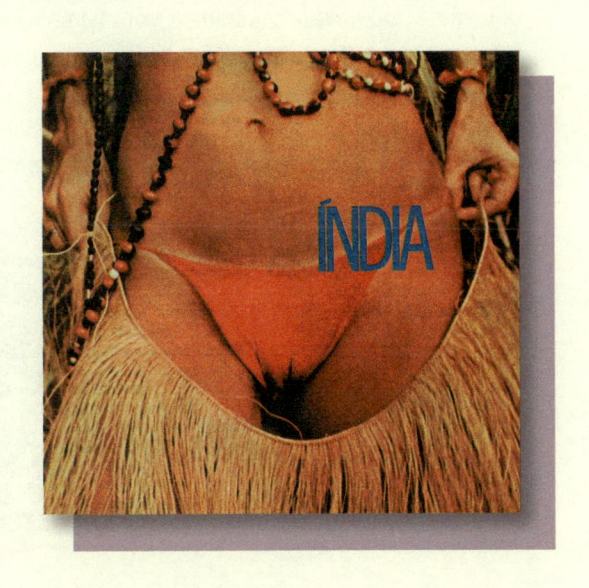

mais um, mais um, bahia!

Eu, que amava tanto o futebol, havia abandonado a bola. Não tinha mais como acompanhar o campeonato mineiro, o carioca, o paulista, saber se o meu América ia bem das pernas ou não. As notícias chegavam dias e dias depois nas cartas enviadas por meu irmão: "O Democrata venceu o Cruzeiro e foi a zebra da Esportiva essa semana". Perdi o rumo, não sabia mais quem era melhor, se o Paraná ou o Coritiba, o Olaria ou o Metalurziana, Tupi ou Avaí. Um dia caiu em nossas mãos uma fita caseira gravada no Ceará com uma única música do novo disco dos Novos Baianos. Ouvimos enquanto comíamos uma galinha assada com couve-de-bruxelas. "Qui qui qui/Não é qui qui qui/Qui bom, é bom demais/Pra ser aqui/Onde um faz um/Um e outro um um/Mas qui bom, todos um/Como um dia não ria/Sorria como nós/Porque vós tem nome doce/Mais um, mais um, Bahia/Mais um, Buchinha". Quem era Buchinha? A música ficou na nossa cabeça e nos fazia lembrar aquelas tardes de domingo e os porteiros dos prédios sentados em cadeiras de plástico nas calçadas da rua Visconde de Pirajá. Apesar do calor eles vestiam camisas de manga comprida que traziam o nome do prédio bordado no bolso e não desgrudavam os ouvidos do radinho de pilha: "Flamengoooooo!"

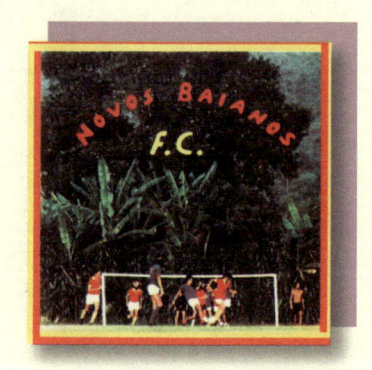

banquete
dos mendigos

O *Banquete dos Mendigos* não chegou em Paris em forma de disco, e sim de uma fita fora da caixinha de plástico e com uma qualidade sofrível. Trazia um punhado de músicas e pequenos discursos com a leitura do texto tal e qual da Declaração Universal dos Direitos Humanos, uma verdadeira anarquia. Lembro-me de ter ouvido Jorge Maravilha pela primeira vez nessa fita clandestina. Ela tinha cara, jeito e pinta de coisa proibida, revolucionária para nossos tempos de ditadura. O *Banquete dos Mendigos* era um balaio de gatos. De *Quando o Carnaval Passar* do Chico pulava para o *Pesadelo* do MPB-4, passando pelas *Palavras* de Luiz Gonzaga Junior, pelo *Pagode do Vavá* de Paulinho da Viola até chegar a *Rua Real Grandeza* de Jards Macalé. O disco soou como um protesto de Victor Jara com os dedos sangrando, um tango desesperado de Gardel, um grito de alerta de Mercedes Sosa. A Declaração Universal dos Direitos Humanos mais parecia um discurso inflamado e revolucionário de um povo prestes a tomar o poder. Sem mais nem menos, *Eu e a Brisa*, um *Lamento Sertanejo*, uma *Oração da Mãe Menininha*. O banquete era mesmo dos mendigos encurralados numa rua escura e sem saída, que, apesar dos pesares, enxergavam uma luz no fim dela, uma *Felicidade*, um *Bom Conselho*, um *Samba dos Animais*. Eu não conseguia imaginar a capa daquele disco. Só muito tempo depois ela veio à luz numa fotocópia em preto e branco reproduzida por um jornal nanico. O *Banquete dos Mendigos* era na verdade uma santa ceia.

bonita como um cavalo

Foi Paulo Augusto quem deu a notícia: "Comprei hoje *Lances de Agora*, o novo álbum de Chico Maranhão". Quem é Chico Maranhão, que encantou Paulo Augusto com as canções *Meu Samba Choro*, *Cirano* e *Velho Amigo Poeta*? Ele contou que fazia frio em Belo Horizonte e estava tomando um chá enquanto me escrevia, apaixonado pelo som de Chico Maranhão. A explicação veio na carta seguinte: "Chico Maranhão é o Maranhão de *Gabriela*". Minha memória foi longe, lembrava-me vagamente da canção *Gabriela*, sucesso no festival da Record de 1967. Lembrei-me de um único verso

– "Eu vinha só pra te ver Gabriela..." –, que ficou na minha cabeça muitos dias, até que os discos chegaram. O primeiro e o segundo, *Lances de Agora*. Não teve arroz-de-cuxá para comemorar, mas cada música foi ouvida com muita atenção. A que ficou na cabeça foi *Bonita como um Cavalo*. Como pode uma mulher amada ser bonita como um cavalo nos versos de Chico Maranhão? "Bonita como um cavalo/ Caminhando ao luar." O Maranhão de perfil em preto e branco do primeiro disco era outro, agora de cabelos compridos e desalinhados em *Lances de Agora*.

cê tá pensando que eu sou loki?

Desembrulhei rapidamente sem saber o que era o disco que chegou pelo correio sem eu ter encomendado. Pulou lá de dentro para nossa surpresa o primeiro disco do mutante Arnaldo Dias Baptista. Na foto da capa, ele sem camisa me lembrou o Ronnie Von de 1968. O que estaria ele aprontando? Fui ouvindo faixa por faixa e engolindo os versos coloquiais de crônicas viajantes. "Hoje eu percebi/ Que vou me ápegando às coisas materiais/Que me dão prazer/O que é isso, meu amor?", gritava ele logo de saída. Mais adiante declarou em alto e bom som: "Eu não gosto do Alice Cooper!" Parei e fui ouvir novamente, porque continuava gostando de Alice Cooper. Os versos desconcertados de Arnaldo foram tomando conta do ambiente: "Eu vou mais é me afundar na lingerie/Ainda bem que eu não tenho cabeça/Ama-me ou deixa-me em paz". O Arnaldo estava pirando ou eu? "Cê tá pensando que eu sou loki, bicho?/Sou malandro velho/Não tenho nada com isso/A gente andou/A gente queimou/Muita coisa por aí." Arnaldo chegou um mutante reunido numa pessoa só.

academia de danças

Procurávamos novos sons para nossa casa porque as fitas K7 começavam a se repetir e a deslizar no gravador. Paulo Augusto tinha dado o toque: "O disco novo do Gismonti é magistral". Gismonti para mim era apenas um moço tímido de um sonho de festival, e nada mais. Foi Paulo Augusto quem embalou o disco entre duas placas de isopor e mandou-o pelo correio, postado na Savassi. Cinco dias depois ele estava dentro da minha casa. Gismonti não precisava cantar, mas ainda usava a voz em *Bodas de Prata*, *Trem Noturno*, *Baião do Acordar*, *Quatro Cantos* e *Jardim dos Prazeres*. Com versos delicados e a voz calma, passeava por seu jardim dos prazeres: "Pular a bandeira/Pular a bandeira bordada/Pular a bandeira bordada de seda e estrelas/ Dançar a ciranda/Dançar a ciranda do sono".

o carneiro

Foi na casa de Michelle que ouvi a música pela primeira vez. Ela abriu uma lata de *cassoulet* para o almoço e foi depois do queijo, da sobremesa e do café que colocou no gravador a fita que trouxera do Brasil. Não sabia o nome do cantor, mas sabia que viera do Nordeste. Darci matou a charada. Era Ednardo, que descera com o pessoal do Ceará para o Sul Maravilha. "Amanhã se der o carneiro, carneiro/Vou-me embora daqui pro Rio de Janeiro/As coisas vêm de lá/E eu mesmo vou buscar/E vou voltar em videoteipes e revistas supercoloridas/Pra menina meio distraída repetir a minha voz/E deus salve todos nós/E Deus guarde todos vós." Saí dali jururu naquele inverno rigoroso com o refrão na cabeça, pensando nos homens cegos na avenida Afonso Pena gritando para quem passa: "Olha o galo 51, jacaré 60, olha o carneiro 27!" Desci a rue Mouftard jurando para mim mesmo: amanhã se der o carneiro vou-me embora pro Rio de Janeiro!

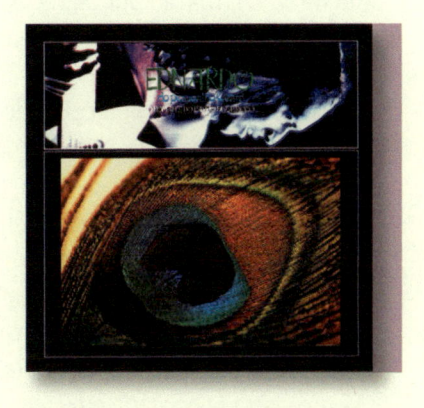

aprender a nadar

Ainda estava aqui saboreando a farinha do desprezo, revendo amigos, um farrapo humano sabendo que é impossível levar o barco sem temporais quando chegou o segundo disco de Jards Macalé. A capa em preto e branco, um desenho de Nilo de Paula, me surpreendeu. Era muito diferente daquela do primeiro disco, que trazia um Macau por detrás de uma máscara, um parangolé de Hélio Oiticica. Jards Macalé apresenta a linha de morbeza romântica em *Aprender a Nadar*! O disco foi logo para o prato e o som dodecafônico tomou conta do meu lar. O texto era de Gilberto Gil recitado por Macalé: "O meu nome é Jards Anet da Silva, ou melhor, da selva, ou pior, da Silva, ou pior, da selva, ou melhor, da Silva". E ele ia mais longe: "Distinto público, eu vou ficar aqui exposto à audição pública como o faquir da dor!" E perguntava afirmando: "Vale a pena ser poeta". O disco foi rodado por inteiro aproximadamente 25 vezes, sem cansar. Dançamos e nos divertimos muito ao som de *Orora Analfabeta*: "Vi uma letra O bordada em sua blusa, eu disse é agora. Eu perguntei o seu nome, e ela disse: Orora, eu sou filha do Arineu".

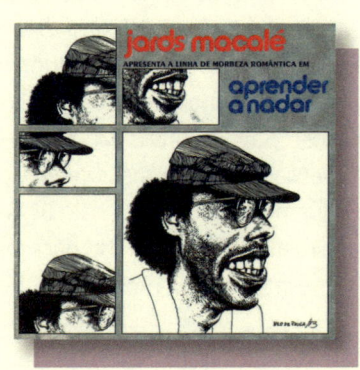

os alquimistas
estão chegando

Eu não gostava muito de Jorge Ben, mas uma notinha no jornal *Opinião* me despertou a curiosidade. Pedi a dona Dora e foi ela quem me mandou o disco *A Tábua de Esmeralda*. As figuras de N. Flamel na capa destoavam das primeiras capas de Jorge Ben. Quem era aquele novo Jorge Ben? Quando ouvi as doze músicas do disco pensei com os meus botões: Jorge acaba de lançar o seu *Sgt. Peppers*! Não tem uma música melhor que a outra, todas são espetaculares. Quem poderia colocar a palavra cadinho numa música a não ser Jorge Ben? Quem poderia fazer uma canção para Hermes Trimegildo que não fosse Jorge Ben? Quem poderia falar do homem da gravata florida a não ser ele? Ouvi *Zumbi* sem parar durante muitos meses. Quem poderia começar uma música assim, a não ser Jorge Bem: "Angola, Congo, Benguela, Monjolo, Cabinda, Mina, Quiloa, Rebolo"? Eu só queria uma coisa: ver quando Zumbi chegar!

smetak tak tak

A primeira vez que ouvi falar em Walter Smetak foi quando escutei *Épico* no disco *Araçá Azul* de Caetano Veloso. Um poema concreto & musicado dizia assim: "Smetak, Smetak & musak e Smetak & musak & Smetak & musak & razão". Quem era esse tal de Smetak que Gil também chamou de "Smetak tak tak"? Era o suíço mais baiano do pedaço, o Anton Walter Smetak que caiu na Bahia de Todos os Santos lá pelos idos de 30 e nunca mais saiu. Smetak tirava sons da natureza, pescava no ar o piado dos passarinhos, prestava atenção no barulho do vento. E o disco dele chegou justamente quando eu precisava respirar um pouco. Com o auxílio luxuoso de Caetano, Gil, Roberto Santana e a capa minimalista de Rogério Duarte, o disco não foi feito para tocar no rádio, para vender muitas e muitas cópias. O disco foi feito para ser escutado só, acompanhando a história de cada música. Smetak inventou instrumentos e bolou sons. Eu ouvia *Tijolinhos*, *Material de Construção* e tinha certeza de uma coisa: o alquimista chegou!

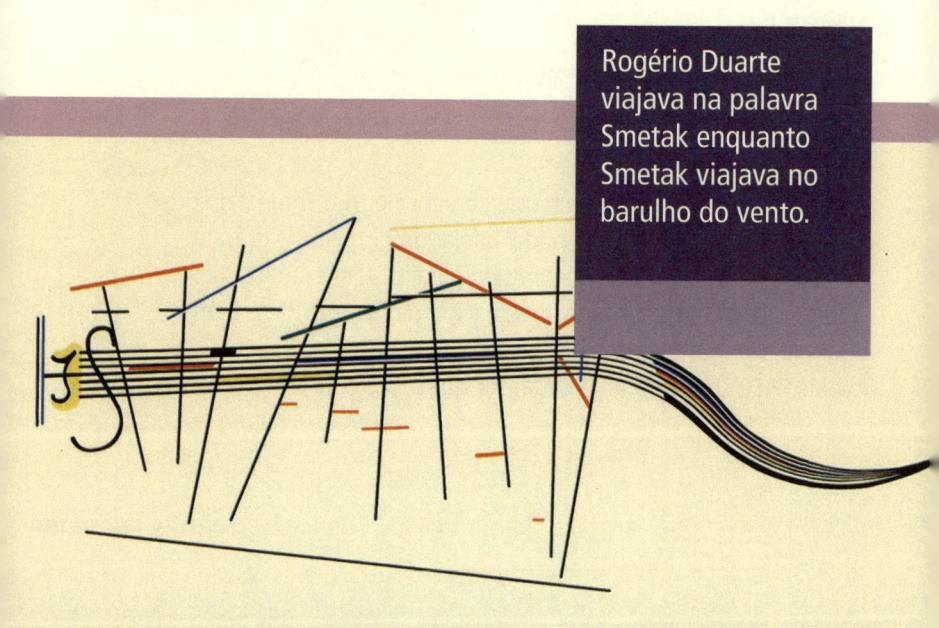

> Rogério Duarte viajava na palavra Smetak enquanto Smetak viajava no barulho do vento.

maracatu
atômico

Eu tinha visto um anúncio na *Rolling Stone* brasileira e fiquei com aquilo na cabeça durante mais de um ano. Que músicas teria aquele disco de Jorge Mautner lançado por uma multinacional? Pedi pra um, pedi pra outro, e ninguém conseguia mais encontrar o disco nas lojas. Evaporou-se como um objeto não-identificado, um disco voador. Até que Paulo Augusto o encontrou numa lojinha na Savassi, embalou e despachou. O disco de Jorge Mautner chegou num sábado de manhã, o melhor dia para receber um disco do Brasil, um dia inteiro livre. Sorte que quando fui comprar o pão lá estava o carteiro com o pacote nas mãos. Se não cruzasse com ele, receberia um aviso para buscá-lo na agência do correio só na segunda. Foi o nosso encontro com o artista e o seu violino, sua poesia livre e sem compromisso: "O homem antigamente falava/Com a cobra, o jaboti e o leão/Olha o macaco na selva/Onde? Ali, ali no coqueiro?/Mas não é coqueiro, baby!/É meu irmão!" Era Jorge Mautner em Paris espalhando seus versos pela Bastilha afora. Foi ele quem sacou uma coisa muito simples, que dentro do porta-luvas tem a luva, que atrás do arranha-céu tem o céu e em cima do guarda-chuva tem a chuva, que tem gotas tão lindas que até dá vontade de comê-las.

a noite do espantalho

Ver o filme e querer ouvir o disco, foi assim com *A Noite do Espantalho* numa noite fria de Paris. O choque das culturas. O que aqueles cangaceiros tinham a ver com essa gente tão fina circulando pela Ópera? O Sérgio Ricardo que conhecia era ainda aquele *Beto Bom de Bola*, do violão voando sobre a cabeça do público de um festival. Era o Sérgio Ricardo da elegante *Arrebentação*, aquele que questionou todas as guerras em andamento com uma música chamada *Conversação de Paz*. Mas foi naquele inverno rigoroso que fui apresentado não somente a Sérgio Ricardo que tinha uma câmera na mão e a cabeça cheia de idéias. Fui apresentado também a Alceu Valença, um cangaceiro pop, brabo, pronto pra morrer ou matar a minha saudade.

a cena muda

Quando ouvimos pela primeira vez *A Cena Muda*, a impressão foi unânime: acabáramos de assistir a um show de Maria Bethânia na sala da nossa casa! Um show particular, só para nós dois nesse início de outono em plena Paris. O espetáculo começou com um discurso: "Passei toda a tarde ensaiando, ensaiando/Essa vontade de ser ator acaba me matando/São quase oito horas da noite, e eu nesse táxi/Que trânsito horrível, meu Deus/E Luzia e Luzia e Luzia/Estou tão cansado, mas disse que ia/Luzia Luluza está lá me esperando". O disco nos tirou da platéia e nos colocou no centro do palco. Resgatamos os sons dos nossos sonhos: do *Sinal Fechado* de Paulinho da Viola, passando pela *Rosa dos Ventos* de Chico Buarque, chegando a *Roda-Viva*. Do *Galope* de Gonzaguinha ao *Taturano* do mano Caetano. Foi um sonho possível. Ouvir canção por canção e ficar com duas palavras de ordem na cabeça: tira as mãos de mim e cala a boca, Bárbara!

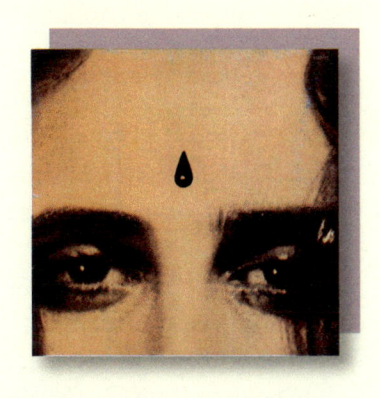

o disco que eu prometi fica pro são joão

Gilberto Gil disse numa entrevista que estava preparando um disco duplo só com músicas inéditas. Era uma nota curta no jornal *Opinião*, mas ficou na cabeça de muitos brasileiros que moravam em Paris. Durante um ano inteiro eu tinha de responder a todos uma única pergunta: "Já recebeu o álbum duplo do Gil?" E o disco nunca vinha. O que acabou chegando foi um disco ao vivo, capa de Rogério Duarte, composições e interpretações de entressafra. Gil viajou nas letras: "Tava comendo banana pro santo/Pra quem?/Pro santo/Pra quem?/Pro santo/Pra quem?" Soube depois que o álbum duplo começou a ser gravado, mas Gil abandonara a obra no meio porque não estava gostando do resultado. Começou de novo e parou, acabou fazendo um show ao vivo e registrando tudo em vinil. E se explicou numa canção chamada *Menina Goiaba*: "Andei também muito goiaba/E o disco que eu prometi/Não foi gravado, não/Vamos ao show, que tá na hora/E o disco que eu prometi/Fica pro São João".

lugar comum

Guardo dentro de mim uma porção de Chico Buarque. Quem me vê sempre parado, distante, garante que eu não sei sambar. E não sei mesmo, não tenho jeito. Como não sei nadar em alto-mar. Há meses não vejo o mar. Em Minas não via, passava um ano inteiro sem ver o mar, mas em Paris a saudade do mar é grande. A notícia chegou no meio da tarde: Gilberto Gil gravara a canção *Lugar Comum*, parceria dele com João Donato. Ah, como eu queria ouvir Gil cantando aquele refrão "beira do mar/Lugar comum..." Faço um esforço enorme para me lembrar da capa do disco de João Donato. São duas fotografias do mar, acho que uma onda indo, outra voltando. Ah, como eu queria estar agora num lugar comum – Aracaju, que nem conheço, ou em Vitória, aonde fui apenas uma vez. Mas poderia estar em Leopoldina, Alfenas, Ouro Fino, num lugar comum mesmo que não houvesse o mar de João Donato e de Gilberto Gil. Ah, que impotência não poder pegar o trólebus, ir até o centro da cidade e comprar o disco de Gilberto Gil. Hoje estou assim, lembrando até mesmo daquele verso que diz: "A saudade é dor pungente, morena/A saudade mata a gente, morena".

o milagre
dos peixes

Milton Nascimento também caiu nas garras da censura. Muitas letras do disco *Milagre dos Peixes* foram podadas pela tesoura do Departamento de Censura e Diversões Públicas. Milton então decidiu fazer um disco cheio de "laiá laiá". O show acabou liberado e virou disco ao vivo. Chegou a Paris numa embalagem caprichada, isopor reforçado, sem nenhum amassado. Veio cheio de letras e músicas, uma dizendo inclusive que nada mais seria como antes: "Eu já estou com o pé nessa estrada/Qualquer dia a gente se vê/Sei que nada será como antes, amanhã/Que notícias me dão dos amigos?/Que notícias me dão de você?/Alvoroço em meu coração/Amanhã ou depois de amanhã/Resistindo na boca da noite/Um gosto de sol". Passei dias e dias ouvindo *A Matança do Porco*, que abria o disco. Viajava com aquele som até a Fazenda do Sertão, onde Zé Barcelos matava um porco, escolhido a dedo, e depois o destrinchava como se estivéssemos numa aula de anatomia.

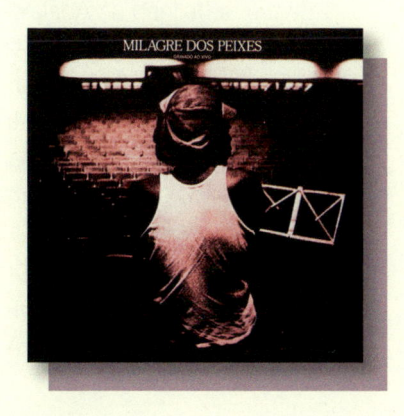

passarinho urbano

A Joyce que eu conhecia era uma menina linda, de cabelos muito lisos e escorridos, que ocupava meia capa de um disco da Odeon que dividiu com Nelson Ângelo. Era a menina que cantava *Meus Vinte Anos,* enquanto Paulinho da Viola lembrava dos seus catorze. O disco chegou da Itália, mais um produto de um exílio voluntário. Joyce estava em Roma fazendo uma turnê com Vinicius e Toquinho quando Sérgio Bardotti a convidou para gravar um disco. São dezoito canções escolhidas a dedo, uma aula de música popular brasileira que chegou para matar qualquer tipo de saudade. Do primeiro samba *Pelo Telefone* de Donga à fresquinha *Jóia* de Caetano Veloso. Do contundente *Pesadelo* de Maurício Tapajós e Paulo César Pinheiro ao debochado *Acorda Amor* de um tal Julinho da Adelaide. O disco chegou como um passarinho urbano nos fazendo lembrar que o trem atrasava: "Patrão, o trem atrasou/Por isso estou chegando agora/Trago aqui o memorando da Central/O trem atrasou meia hora". O passarinho urbano chegou cantando o proibido *Fado Tropical* e a melancólica *Marcha da Quarta-Feira de Cinzas*. Joyce chegou nessa casa mostrando a sua cara em um estranho desenho na capa, em que mais parecia uma Evinha tomando uma lata de Coca-Cola verde.

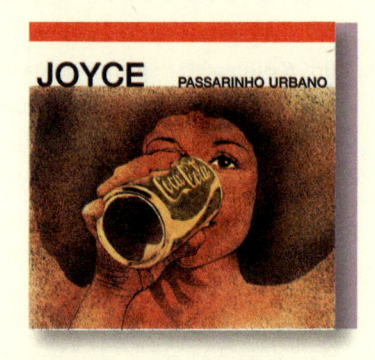

meu glorioso são cristóvão

Esperávamos há muito tempo um disco novo de Gilberto Gil quando lemos uma nota do Tárik de Souza anunciando *Gil & Jorge*. Nós, que sonhávamos a cada dia ver chegar pelo correio aquela capa com a foto dos dois, fomos surpreendidos por duas conchas enigmáticas em meio a um gráfico com a cara de Walter Smetak. Foi uma jam session que durou muitos e muitos meses dentro daquela casa pintada toda de branco com janelas verdes. Nos primeiros acordes de *Meu Glorioso São Cristóvão* veio a dúvida se era o santo protetor dos fracos e oprimidos ou o time de futebol de poucas glórias e pouca grana. A segunda dúvida veio de *Jurubeba*, um remédio bom pro figueiredo. Nunca mais tinha passado por nossa cabeça que o fígado tinha o apelido de figueiredo. O meu pai quando excedia na pinga costumava dizer que estava "passando mal do figueiredo". A emoção foi completa quando Gil e Jorge pediram a todo o pessoal para descer porque era carnaval. E nós ali, encolhidos de frio, não éramos os filhos de Gandhi.

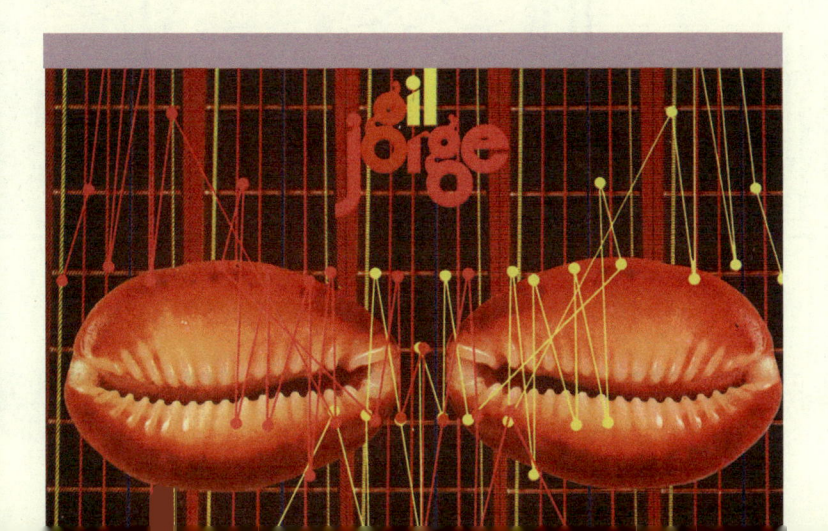

23 BOULANGERI

PAINS AU
LEVAIN

PAINS
FRANÇA

Chegou um disco de Ednardo dizendo assim: "Amanhã se der o carneiro/Vou-me embora daqui pro Rio de Janeiro".

pai
e mãe

Poucos minutos antes de entrar no avião da Varig rumo ao meu exílio voluntário, o meu pai me abraçou fortemente e me disse ao ouvido: "Vai com Deus, meu filho! Eu não sei se vou mais te ver!" Minha mãe guardou o silêncio e as lágrimas que apenas brotaram nos seus olhos verdes. Mas dentro de mim alguma coisa dizia que ela estava preocupada, preocupada se eu ia ter o que comer, se não passaria frio, se teria um teto para morar. Minha mãe me disse uma única coisa na hora do adeus: "Cuidado com o dinheiro!" Quando fui buscar o disco *Refazenda* de Gilberto Gil na agência dos correios do meu bairro, fui direto na faixa 4 do lado A, *Pai e Mãe*. Gil fazia macrobiótica na época, estava mais magro e mais zen, mais ainda. Quando ele começou a cantar "Eu passei muito tempo/Pra saber que a mulher/Que eu amei/Que amo/Que amarei/Será sempre a mulher/Como é minha mãe/Como é, minha mãe?/Como vão seus temores?", eu viajei de volta no mesmo avião da Varig que me trouxe e desci no aeroporto imaginário do Galeão. Coloquei Nescafé na xícara, água quente e uma pedra de açúcar. Peguei o bloco Correspondance, arranquei uma folha de seda salmão e comecei uma carta assim: "Mãe, como vão seus temores?"

o homem
de neandertal

Quando os Secos & Molhados fecharam o armazém só me restou uma fita K7 que derrapava sem parar. A voz de Ney Matogrosso já não era a mesma, destruída pela oxidação. Quando comemorei um ano de Paris ganhei de presente o primeiro disco solo do Ney, luxuoso, todo cheio de bossa. Ney Matogrosso, em vez de fazer um disco à imagem semelhança de Secos & Molhados, partiu para o experimentalismo. Os ruídos iniciais me lembraram o filme *2001* e os pássaros gorjeando me levaram até Barbacena. Cada canção era cheia de arranjos e descobertas. *Corsário* ganhou uma roupagem definitiva e irreparável. Ney ficou ali exposto bem na entrada da minha casa para que qualquer aventureiro que passasse se assustasse com aquela imagem em sépia de um homem que mais parecia de Neandertal, coberto de penas e dois chifres de bode, gritando "Deus salve a América do Sul".

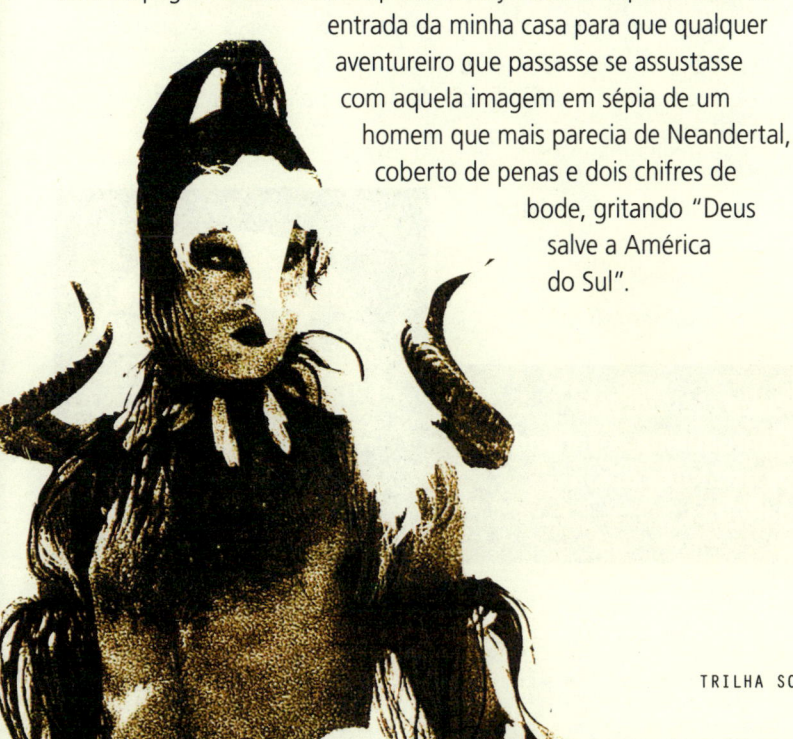

plano de vôo

Luiz Gonzaga Jr. sempre teve uma cara de "hoje eu não tô bom". O Gonzaguinha que de vez em quando aparecia na minha escola para cantar e tocar violão tinha permanentemente uma cara fechada, um cavanhaque, um cabelo curto e uma roupa fora de moda. Sempre do contra! O segundo disco dele chegou a Paris e nos surpreendeu pela capa. Pássaros voando numa floresta meio surrealista dentro de um alvo e na contracapa duas mãos segurando um ninho com apenas um ovo. Aquelas doze músicas explodiram como um tiro no regime. Começava com *Tá Certo, Doutor*: "É um atentado à moral e aos bons costumes vigentes/Por certo inconveniente/Deixar esse homem doente perambular pelas ruas/A cometer tais falcatruas/Incompatíveis com os estatutos dessa nossa gafieira/Dançar dessa maneira desrespeitando o salão". As letras precisavam ser lidas todas nas entrelinhas, e a censura parece que não leu. *Geraldinos e Arquibaldos* fechou a obra: "Mamãe não quer... não faça/Papai diz não... não fale/Vovó ralhou... se cale". Gonzaguinha venceu, chegou aqui inteirinho, sem cortes. Comemoramos a vitória. Amanhã vai ser outro dia.

Plano de Vôo. Era Gonzaguinha desafiando os estatutos dessa gafieira.

tá legal, eu aceito o argumento

Custou uma nota, mas eu não resisti. O disco novo do Paulinho da Viola foi comprado na Lido Musique no coração dos Champs-Élysées. Levei para casa aquela preciosidade dentro de uma sacola de plástico preta. Era raro ter nas mãos um disco brasileiro tão intacto, sem nenhum amassado na capa, limpinho. Na estação George V abri a sacola e tirei lá de dentro aquele disco que trazia apenas uma mão segurando uma folha verde caprichosamente desenhada com aerógrafo pelo Elifas Andreato. O trem do metrô chegou e eu sentei, retirei o encarte e li primeiro o recado de Paulinho: "Milton, a idéia é essa aí. O disco fala de coisas da natureza, da vida das pessoas simples e das transas de amor (infinitas formas de amar e viver)". Fui lendo as letras uma por uma. *E a Vida Continua, Amor à Natureza, Mensagem de Adeus* até chegar em *Argumento*: "Tá legal/Eu aceito o argumento/Mas não me altere o samba tanto assim/Olha que a rapaziada está sentindo a falta/De um cavaco, de um pandeiro/Ou de um tamborim". Cheguei em casa e fui direto no samba. "Não me altere o samba tanto assim!" Será que a censura está implicando até com samba do Paulinho?

help!

Quando Helô chegou, eu estava na sala recortando o *Le Monde*. Todas as noites separava as reportagens mais importantes do dia anterior e recortava, guardando-as em pastas de cartolina. Os assuntos eram os mais variados: Brasil, América Latina, Oriente Médio, Cortina de Ferro, Ecologia, Música, Entrevistas. Todas as quintas-feiras guardava o suplemento de livros cuidadosamente, sem amassar. Helô chegou e foi logo avisando que havia trazido do Brasil os dois discos novos do Caetano, *Jóia* e *Qualquer Coisa*. Havia um mês eu pensava todos os dias nos dois discos que saíram ao mesmo tempo, independentes um do outro, transbordando de novidades. Mas Helô não carregava ali com ela os dois discos. Carregava, sim, duas caixinhas de Supra-Sumo, uma goiabada e um pacote com pé-de-moleque. Os dois discos só caíram nas minhas mãos três dias depois, quando fomos à casa de Helô comer uma massa e beber um vinho. Mesmo sem vê-los eu já sabia tudo sobre os discos. Que a capa do *Qualquer Coisa* era a cara de *Let It Be* dos Beatles e a capa de *Jóia* lembrava *Two Virgins* de John Lennon e Yoko Ono. A minha alegria maior foi ver que a capa de *Jóia* que Helô trouxera era a capa ainda sem censura, um desenho de Caetano, Dedé e Moreno nus, com o sexo de Caetano coberto por pássaros. Tinha nas mãos uma preciosidade. Ouvi primeiro *Qualquer Coisa* e depois *Jóia*. Deixei a casa de Helô chocado. Eram muitas as informações que estavam ali expostas ao meu ouvido nu numa noite em Paris. A cidade que ficava pra lá de Marrakech, o *Jorge da Capadócia*, as três canções dos Beatles, *La Flor de la Canela*, o *Samba e Amor* de Chico Buarque. Mas o que mais me impressionou foi ouvir novamente *Na Asa do Vento*, de Luiz

Vieira e João do Vale, o poema *Escapulário,* de Oswald de Andrade musicado, e *Help*. A tristeza com que Caetano cantava *Help* me fez lembrar a *Asa Branca* que um dia ele gravou em Londres em tom de lamento, numa época em que sonhava com a areia branca que seus pés um dia iriam tocar.

universo em desencanto

A notícia caiu em Paris como uma bomba: Tim Maia pirou de vez! Entrou para a Cultura Racional Universo em Desencanto e só se veste de branco, dos pés à cabeça. Tim Maia pirou de vez mesmo! Gravou um disco inteiro exaltando o universo em desencanto. Só fala nisso e nada mais. Disco? Que disco? Disparei cartas para amigos e parentes. Que disco é esse que o Tim Maia gravou? As respostas vieram muito tempo depois e todas ignorando o disco. Ainda não vi. Não vi. Não estou sabendo. Mas uma fita K7 caiu em minhas mãos vinda de Brasília, das mãos do Giba. Na fita apenas duas músicas: *Imunização Racional* e *Leia o Livro Universo em Desencanto*. O Tim Maia do *Coroné*

Antônio Bento, *Pra Ver Cristina* e *Eu Só Quero Chocolate* era outro, mas continuava o rei do soul. "Que beleza/Que beleza é sentir a natureza/Ter certeza pra onde vai e de onde vem." Aquele vozeirão tomou conta da rue de la Roquette num verão inesquecível.

ponta de areia

O dinheiro era curto, muito curto, ganho com o trabalho braçal e muito suor. Apenas um punhado de francos no final da semana. No sábado, a folga, os passeios pela cidade. O perigo era entrar na Raoul Vidal e deixar lá praticamente todo o dinheiro ganho com o muque. A Raoul Vidal ficava numa esquina de Saint-Germain-de-Près. Os discos importados estavam no subsolo, e era lá que me enfiava nas tardes de sábado, quentes ou frias. Foi lá que um dia bati os olhos num disco de capa vermelha e azul, o *Native Dancer* do Wayne Shorter. Mas o que me chamou atenção não foi aquele cabelo black do cantor americano nem mesmo os coqueiros ao fundo, foi o que estava escrito na capa de *Native Dancer*: "Featuring Milton Nascimento". Não sabia da parceria de Milton e Shorter. Milton Nascimento tinha muito medo de viajar de avião e já deixou de ir aos States por conta disso. Na contracapa, a relação das nove canções, muitas com nomes de mulheres: *Diana, Ana Maria, Lilia* e *Joanna*. O disco estava lacrado, embalado num papel celofane. Se quisesse poderia pedir ao simpático vendedor de cabelos brancos para ouvir, havia uma cabine na Raoul Vidal para isso. Mas não pensei duas vezes: juntei os francos que tinha nos bolsos direito, esquerdo e traseiro. Dava para comprar! Sai dali e fui direto para casa ouvir pela primeira vez a faixa 1 do lado A: *Ponta de Areia*. Lembrei-me da velha Maria Fumaça da Leopoldina que passava em frente à chácara de Dona Catarina, em Cataguases, rumo a Leopoldina. Deu muita vontade de ir embora, como se trens ainda existissem no meu país. O choque de *Ponta de Areia* foi tão grande que me fez esquecer de *Diana, Ana Maria, Lilia* e *Joanna*. Só muito tempo depois fui ouvir com atenção *Miracle of the Fishes*.

galos de briga

A gente se divertia sonhando em traduzir para o francês as letras das canções de João Bosco e Aldir Blanc. Imagine traduzir uma letra assim:

"Toca de tatu, lingüiça e paio e boi zebu
Rabada com angu, rabo-de-saia
Naco de peru, lombo de porco com tutu
E bolo de fubá, barriga d'água
Há um diz que tem e no balaio tem também
Um som bordão bordando o som, dedão, violação".

Toda vez que chegava disco de João Bosco era uma festa, os versos nos levavam de volta para um país que não lembrávamos mais.

"Dotô, jogava o Flamengo, eu queria escutar!"

O disco *Galos de Briga* nos deixou de quatro:

"O rádio de pilha
O fogão Jacaré, a marmita
O domingo, o bar".
   Galos de Briga nos fez lembrar até da *Miss Suéter,* com a sobrancelha feita a lápis e o perfume da Coty na boca.

a alvorada lá no morro

   Um dia o meu tio Afonso contou que numa cidade do interior da União Soviética as pessoas tinham tanta sede de ler alguma coisa não oficial que, quando ele jogava o papelzinho que vinha dentro da caixinha amarela de filmes Kodak, elas corriam até o lixo, pegavam o papel e começavam a ler. Eu peguei o hábito de ler tudo que vinha do Brasil, inclusive jornais velhos que embrulhavam alguma encomenda. Foi num desses jornais, o *Estado de Minas,* que veio embalando uma fita K7 que li a notícia de que Carlos Cachaça havia gravado o seu primeiro disco. De nome, já conhecia Cachaça, mas não tinha a menor idéia de como era sua voz. O disco do Carlos Cachaça foi enviado por Paulo Augusto, que mandou junto um bilhete dizendo que era mesmo maravilhoso. Descobri naquele disco que trazia apenas uma caricatura dele na capa a poesia mais que perfeita, dessas que a gente lê, pensa e repensa. Que maravilha! Os primeiros versos diziam assim: "Todo amor/No princípio tem sabor/Tem perfume, tem odor/Que embriaga o coração/Mas depois/É uma taça incolor/Que só contém amargor/E dissabor e maldição". Foi Carlos Cachaça quem nos revelou a beleza das favelas do Rio: "Alvorada lá no morro/Que beleza!/Ninguém chora, não há tristeza/Ninguém sente dissabor".

revólver

Caetano já tinha mostrado sua paixão pelos Beatles ao gravar *Help*, *Lady Madonna* e *Eleonor Rugby* e ao fazer a capa de *Jóia* a cara de *Two Virgins* e a capa de *Qualquer Coisa* o focinho de *Let It Be*. Longe do Brasil e a poucos minutos da Inglaterra, sentíamos que o som dos Beatles ainda estava no ar. Quando cheguei da faculdade e abri o pacote com o disco novo de Walter Franco, levei um susto. Era um *Revólver* como o dos Beatles ou *Revolver*? Mas a capa deixava bem clara a inspiração, um Walter Franco ali todo de branco e com as mãos no bolso era John Lennon visto de frente atravessando a Abbey Road, não restava a menor dúvida.

Walter Franco para mim, tão longe, ainda era aquele cabeludo declamando *Cabeça* num festival de música popular brasileira. Ainda era o poeta de *Me Deixe Mudo*, seja no canto, seja no centro. Eis que surge de repente assim meio rock and roll num dia qualquer em Paris, pouco antes do jantar. Jogando com as palavras sem saber se era partido-alto ou partir do alto, sem saber se era eternamente ou éter na mente, era um Walter Franco feito gente dizendo que "o sorriso do cachorro tá no rabo".

alucinação

Não havia aflição maior que receber uma carta dizendo assim: "Você precisa ouvir o disco de um cantor novo chamado Belchior. É surpreendente!" Ficava recolhido no meu canto imaginando quem seria Belchior, sua cara, sua voz, sua música. O disco chegou pelas mãos de um amigo do meu irmão. Fresquinho, ainda na embalagem da Bel'Discos. Alucinação! Belchior! As duas palavras em vermelho explodiam na capa. A primeira música que escutei foi *Apenas um Rapaz Latino-Americano*. Nela, Belchior (que eu não sabia se era Belquior ou Belxior) desconstruía versos de Caetano Veloso, deixando bem claro que trazia na cabeça uma canção do rádio em que um antigo compositor baiano lhe dizia: "Tudo é divino! Tudo é Maravilhoso!" Ele encerrava a canção dizendo: "Eu sou apenas um rapaz latino-americano/Sem dinheiro no banco, sem parentes importantes/E vindo do interior/Mas sei que nada é divino/Nada é maravilhoso/Nada é secreto/Nada é misterioso".

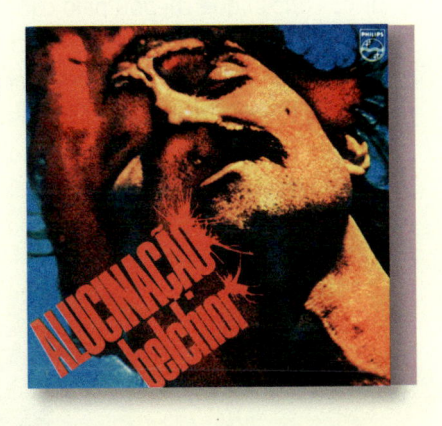

estudando
o samba

A primeira vez que vi Tom Zé foi numa televisão ao vivo em preto e branco. Havia muito ruído e a imagem ia e vinha. Tom Zé acabara de ganhar um festival com a música *São São Paulo*. Com uma camisa social listrada e um medalhão no pescoço, Tom Zé era puro espanto e timidez. "Eu quero minha mãe", disse ele antes de começar a cantar. Tom Zé sumiu da minha vida até que recebi um disco curioso que chegou pelo correio numa tarde de sexta-feira. Tom Zé decidiu estudar o samba em canções com nomes bem curtinhos: *Mã, Vai, Ui, Dói, Se, Só,* e por aí vai. Mas tinha também *A Felicidade* de Tom Jobim e Vinicius de Moraes e a sua própria *Felicidade*, "cheia de ano, cheia de Eno, cheia de hino, cheia de Onu". Foi naquele disco que trazia uma corda e um arame farpado na capa que aprendi com Tom Zé que "na vida, quem perdeu o telhado em troca ganha as estrelas".

> Tom Zé chegou dizendo que, na vida, quem perde o telhado em troca ganha as estrelas.

o mundo é um moinho

Conhecia Angenor de Oliveira, o Cartola, de quatro músicas que gravei numa fita K7 antes de deixar o Brasil. Eram quatro músicas que tirei de um disco da *História da Música Popular Brasileira*, da Abril. Cartola dividia com Nelson Cavaquinho um vinil de oito faixas. As de Cartola eram *Divina Dama*, *Tive Sim*, *O Sol Nascerá* e *Preconceito*. Paulo Augusto nem perguntou se eu queria o disco novo de Cartola, o segundo que gravara pela Marcus Pereira. Empacotou e mandou. Empacotou não somente o segundo como o primeiro, também porque sabia que eu era fã de carteirinha dos discos da Marcus Pereira. Chegaram juntos. Longe do Brasil eu mastigava lentamente cada palavra, cada verso, cada poema de Cartola. "Preste atenção/O mundo é um moinho/Vai triturar teus sonhos tão mesquinhos/Vai reduzir as ilusões a pó." Foi Cartola quem descobriu que "as rosas não falam, apenas exalam o perfume que roubam de ti".

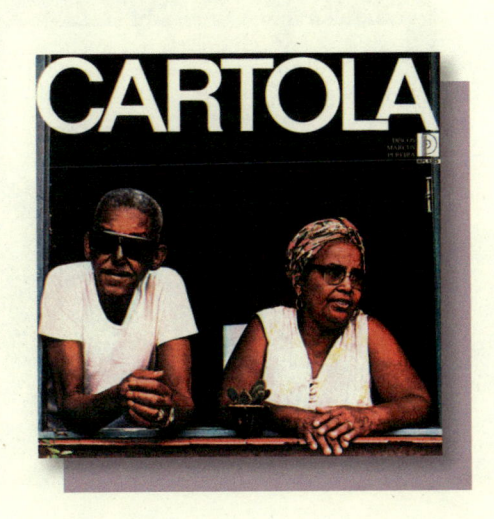

doces bárbaros

Foram muitas canções de uma só vez que chegaram dentro de dois discos, capazes de nos fazer ficar noite adentro escutando uma por uma. Chegamos tarde em casa, mas não resistimos, abrimos uma Kronenbourg e colocamos o disco para rodar. Gil, Gal, Bethânia e Caetano subiram no palco da nossa casa para anunciar:

"Com amor no coração
Preparamos a invasão
Cheios de felicidade
Entramos na cidade amada
　　Peixe-espada, peixe-luz...
　　Doce bárbaro, Jesus
　　Sabe bem quem é otário
　　Peixe no aquário nada".

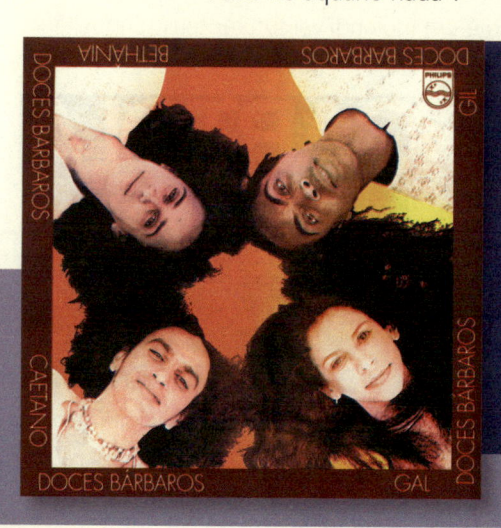

Gil, Caetano, Bethânia e Gal: os quatro cavaleiros do após calipso.

Ouvimos o som de um índio que descera de uma estrela colorida e, sem destino, não perguntamos mais aonde vai a estrada nem esperamos mais aquela madrugada. Saudamos Xangô menino da fogueira de São João e dançamos ao som do rhythm and blues de *Chuck Berry Fields Forever*. Festejamos a chegada da liberdade cantando juntos:

> "O seu amor
> Ame-o ou deixe-o
> Livre para amar
>   O seu amor
>   Ame-o ou deixe-o
>   Ir aonde quiser".

maravilhas contemporâneas

O primeiro disco de Luiz Melodia trouxe comigo gravado numa fita. *Pérola Negra* foi a trilha sonora dos primeiros meses gelados de Paris. "Se alguém quer matar-me de amor que me mate no Estácio", cantarolava cruzando o Jardin des Plantes debaixo de um frio de cinco graus negativos. *Maravilhas Contemporâneas* foi mandado por dona Dora. Não tinha disco que dona Dora não conseguisse comprar rapidinho e colocar no correio. Ela levava uma vantagem entre os outros amigos: morava pertinho das Lojas Gomes e mais perto ainda da agência central dos Correios. Todos os pacotes de dona Dora chegaram com o carimbo da agência central. Sempre gostei da poesia de Luiz Melodia e ela estava ali bem à vontade nas *Maravilhas*

Contemporâneas: "As ilusões fartas/A fada com varinha virei condão/Rabo de pipa, olho de vidro/Pra suportar uma costela de Adão". Ouvimos primeiro *Juventude Transviada,* que me disseram estar tocando nas rádios. Quando Luiz Melodia chegou nos versos que diziam "Eu entendo a juventude transviada/E o auxílio luxuoso de um pandeiro", abrimos um vinho.

limite das águas

Quando terminei com a minha primeira namorada a música *Chuvas de Verão* virou a trilha sonora da minha vida. "Podemos ser amigos simplesmente/Coisas do amor nunca mais..." A música de Fernando Lobo entrou na minha cabeça e nunca mais saiu. Fernando era o pai de Edu, um menino que pegou um violão e apareceu na televisão cantando *Memórias de Marta Saré.* Já tinha cantado *Zumbi, Arrastão*, mas eu gostava mesmo era da *Marta Saré* que ele cantava ao lado da Marília Medalha. Edu Lobo chegou à minha casa em Paris através de um carteiro que me chamava de monsieur Vinhás. Ele colecionava selos e subia até o quarto andar com os pacotes só para ganhar os selos do Brasil. Edu Lobo estava ali estampado na capa do *Limite das Águas* com a mesma cara dos tempos de *Marta Saré*, cigarro na boca e olhar distante. Ouvi *Considerando* bebendo Ricard. "Considerando meus erros/E pequenos acertos/Eu me achei no direito/De ao menos pedir/Um alívio pro meu peito."

espelho cristalino

Conhecia Alceu Valença da *Noite do Espantalho*, do *Futuro* e principalmente de *Vou Danado pra Catende*:

"Ai
Telminha
Ouça esta carta
Que eu não escrevi
Por aqui
Vai tudo bem
Mas eu só penso
Um dia em voltar
Ai
Telminha
Veja a enrascada
Que fui me meter
Por aqui
Tudo corre tão depressa

As motocicletas se movimentando
Os dedos da moça
Datilografando
Numa engrenagem
De pernas pro ar".

O *Espelho Cristalino* chegou de repente, sem aviso prévio. Chegou como chegava Lampião e o seu bando, atirando para todos os lados. Chegou *Agalopado*, com *Maria dos Anjos*, *Cheio de Veneno*, *Dançando com as Borboletas*, um verdadeiro *Espelho Cristalino*. Não era um disco que escutamos naquela tarde de sábado, era um filme a que assistimos, uma espécie de Deus e o diabo na terra do sol.

jardim
de infância

O frevo que eu conhecia era o de Capiba e Nelson Ferreira. Ficava imaginando se Felinto, Pedro Salgado, Guilherme e Fenelon também não seriam bambas do frevo, aqueles que pegam a sombrinha colorida e dão um show na avenida. O primeiro disco de Robertinho de Recife chegou para alegrar o nosso carnaval particular. Todos os discos da CBS que chegavam aqui eram maravilhosos, e esse era da CBS. A capa trazia um desenho meio psicodélico, meio naïf, feito com hidrocor: um Robertinho cabeludo, com a guitarra em punho no meio de um canavial, com um sol de rachar colorido de alaranjado. A agulha do nosso som nunca tinha deslizado em cima de um vinil de frevo e estreou com o *Jardim de*

De repente, um disco voador. Quem era esse tal de Robertinho de Recife?

Infância de Robertinho de Recife. *Frevo dos Palhaços*, *Jardim de Infância*, *Sinais*, *Idade Perigosa*, e por aí foi até chegar a *Cor de Rosa* e *Dor de Amor*. A voz de Robertinho de Recife era uma voz que não tinha nada a ver com tudo que havia por aí e por isso ele a usava pouco. O que acabou nos contagiando foi sua guitarra, seu frevo rasgado, capaz de empolgar qualquer Felinto, qualquer Pedro Salgado, Guilherme ou Fenelon.

cavalgada

Estava fazendo um ano que não ouvíamos Roberto Carlos quando François chegou do Brasil trazendo as encomendas que pedi: uma garrafinha de Guaraná Antarctica, duas caixinhas de Supra-Sumo, cinco paçoquinhas Amor, pés-de-moleque e cartões-postais de Belo Horizonte para colarmos no nosso painel. Chegou tudo inteiro, exceto as paçoquinhas, que aterrissaram um pouco esfareladas. François deixou para o dia seguinte a surpresa que ele considerava a maior, um presente: O disco novo de Roberto Carlos! Eram treze canções que ouvimos fora de ordem. Primeiro fomos direto a *Muito Romântico*. Queríamos escutar aquela canção do Caetano na voz do rei: "Não tenho nada com isso nem vem falar! Eu não consigo entender sua lógica". Depois ouvimos *Amigo*, a primeira faixa que sempre ia para o hit parade. "Você, meu amigo de fé, meu irmão camarada..." Pulamos para *Pra Ser Só Minha Mulher* porque achei curioso o rei gravar uma canção do pequeno príncipe Ronnie Von. Foi então que ouvimos *Cavalgada* pela primeira vez. A música mais erótica do Roberto foi ouvida muitas vezes: "Vou cavalgar por toda noite/Por uma estrada colorida/Usar meus beijos como açoite/E minha mão mais atrevida". O rei estava nu. Viva o rei!

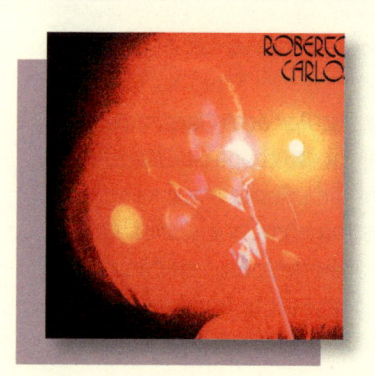

cale-se

O aviso chegou pelo correio das 7 horas da manhã. Um aviso cor-de-rosa anunciando que um pacote proveniente do Brasil estava à minha disposição a partir das 4 da tarde. Passei o dia imaginando que pacote seria aquele. Cinco minutos antes da hora prevista já estava eu na porta da agência dos correios esperando o relógio anunciar a hora exata. Entreguei 4h02 o aviso cor-de-rosa nas mãos da funcionária, que veio lá de dentro com um pacote muito leve embrulhado em papel kraft. Caminhei dois quarteirões com ele nas mãos. Cheguei na minha rua, no meu prédio e subi os degraus de dois em dois até o meu andar. Com um estilete nas mãos fui abrindo cuidadosamente o pacote, para não rasgar nada. Eram duas placas de isopor que envolviam o disco. Na capa um Chico Buarque de sorriso maroto tendo ao fundo as tais samambaias que, dizem, tomaram conta do Brasil. O disco veio embalado num papel celofane escrito Discos Família, uma embalagem linda. São onze músicas que vou ouvir aos poucos, uma a uma, acompanhando as letras que vieram no encarte. A primeira não vai ser a faixa 1, *Feijoada Completa*. Vai ser a número 2, *Cálice*. Quem será que descobriu, Chico ou Gil, que cálice em tempos de ditadura pode ser cale-se?

Os discos de vinil chegavam pelo correio embalados entre duas placas de isopor. A emoção de abrir aqueles pacotes não tinha preço.

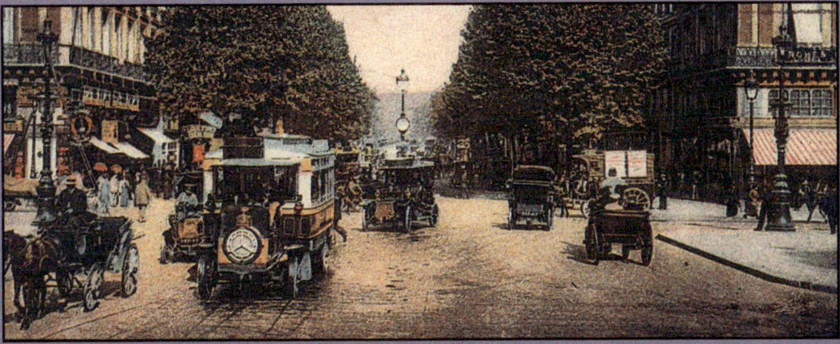

romaria

Eu já sabia do sucesso que a música *Romaria* estava fazendo na voz de Elis Regina quando vi na vitrine da Livraria Portuguesa o disco do Renato Teixeira. Lá estava ele com uma camisa xadrez, cabelos ligeiramente grisalhos e uma barba preta. Era o único exemplar que a livraria tinha. Zé Maria foi lá, pisou cuidadosamente a vitrine e retirou o disco, que não saiu barato. Levei para casa e foi à noite, quando cheguei, que coloquei no prato da radiola pra tocar. Fomos escutando uma música atrás da outra e a cada faixa aumentava nossa saudade, uma saudade doída de um Brasil jeca total, nada a ver com a Cidade Maravilhosa, com São Paulo, nem mesmo com Belo Horizonte. A saudade era do mato, do povo caipira, do fogão a lenha, do forno de barro, do carro de boi, do cigarro de palha. Renato Teixeira quase nos matou de saudade. Nós, morando em Paris e nos sentindo caipira de Pirapora.

quem viver chorará

Marco escreveu contando que ouviu Fagner no rádio cantando *As Rosas não Falam*, de Cartola. E disse também que viu Cartola numa entrevista revelando que a versão que Fagner fez de sua

> A voz de Fagner, sem perder a ternura jamais, tomou conta do nosso apartamento.

canção era a melhor de todas. Fiquei muitas semanas imaginando *As Rosas não Falam* na voz cortante de Fagner: "Bate outra vez/Com esperanças o meu coração/Pois já vai terminando o verão/Enfim..." Até que o disco chegou. Fagner tinha um semblante carregado e triste e uma boina como Che Guevara na capa. O disco começou com uma *Revelação* de Clodo e Clésio: "Um dia vestido/De saudades viva/Faz ressuscitar/Casas mal vividas/Camas repartidas/Faz se revelar/Quando a gente tenta/De toda maneira/Dele se guardar/Sentimento ilhado/Morto, amordaçado/Volto a incomodar". Quando virei o disco e começou o lado B, chegou a vez das rosas que não falam. Bateu outra vez a esperança no meu coração.

corra o risco

As primeiras notícias falando de Olívia chegaram em cartas vindas de vários pontos do país. "Você já ouviu a música *Lady Jane*?", perguntou Paulo Augusto. Essas perguntas me enchiam de vontade de pegar o primeiro avião, chegar ao Rio de Janeiro só para ouvir Olívia cantar. Olívia era a Olívia Byington, que pousou na minha casa em forma de disco de vinil. Lá estava ela, menina, numa fotografia colorida como aquelas fotografias coloridas que via sempre nas salas das casas do interior de Minas Gerais. *Olívia. Corra o Risco.* Participação especial A Barca do Sol, era o que estava escrito na capa. Fui direto ouvir a tal *Lady Jane*. Era a segunda faixa do lado A. "Lady Jane respire o cheiro dos esgotos do chão!", cantava Olívia, com sinos e pássaros ao fundo. O discou trouxe a reprodução de um ingresso que dizia assim: "Olívia e Discos Continental convidam para o lançamento do LP *Corra o Risco,* do dia 16 ao dia 20 de agosto de 1978, às 21:30 hs, no teatro Ipanema, rua Prudente de Morais, 824 A. Convite individual. Brinquei: amanhã se der o carneiro vou-me embora pro Rio de Janeiro!

viva zapátria!

O nome dele é Antônio de Jesus, mas o apelido é Sirlan. Sirlan apareceu pela primeira vez na televisão num festival da canção com *Viva Zapátria*. O que será que aquele compositor mineiro meio Clube da Esquina quis dizer com o trocadilho que usava o nome do guerrilheiro mexicano Emiliano Zapata? Foi o que os censores devem ter se perguntado. Sirlan foi um sucesso em 1972 naquele festival e saiu decidido a gravar um disco, mas todas as canções foram censuradas. Aos trancos e barrancos ele gravou *Profissão de Fé*. Eram onze canções liberadas, incluindo *Viva Zapátria*. Sirlan chegou aqui em Paris com essa cara mulata e um bigode de Emiliano Zapata na capa. Sirlan invadiu minha casa com letras bonitas, uma voz sofrida, uma primeira e única vez.

allons enfants de la patrie!

Serge Gainsbourg era uma espécie de Charles Bukowski da canção. Barba sempre por fazer, cabelos desgrenhados, Gauloise na boca e um copo de Pastis 51 nas mãos, Gainsbourg queimava dinheiro na televisão e sempre que aparecia era para provocar polêmica e furor. Gainsbourg compôs uma música que entrou para a história: *Je T'Aime Moi non Plus*. Entre suspiros e desejos, a canção é considerada uma das mais eróticas da história. Muitas outras vieram: *Le Poinçonneur des Lilas*, *Rock Around the Bunker*, *Initials B.B.* Foi Gainsbourg quem colocou em uma canção uma frase de cortar o coração: "Eu estou chegando para dizer que estou indo embora". Um dia ele pegou o primeiro avião e voou para a Jamaica para fazer um disco inteiramente de reggae. Passou vários dias em Kingston e voltou com uma bomba: o *Hino Nacional* da França em ritmo de reggae – e quase foi esquartejado em praça pública.

o bêbado e a equilibrista

Os baús de alumínio pintados de vermelho já estavam empilhados num canto da sala, alguns cheios de objetos identificados, outros de ar. O som ainda estava instalado em cima da mesa de fórmica, mas a agulha precisava, sim, ser trocada porque estava nos últimos momentos. O disco de Elis Regina consegui emprestado na Casa do Brasil. A música *O Bêbado e a Equilibrista* já tinha se transformado no hino da anistia, Juca já tinha cantarolado numa festa os versos iniciais: "Caía a tarde feito um viaduto..." Minha memória ainda era a do viaduto Paulo de Frontin, que desabou um dia na Cidade Maravilhosa matando 48 pessoas. Na semana seguinte o *Pasquim* saiu com a manchete de capa: "Sai de baixo, Rio!" Juca só sabia esse verso e o repetia sem parar, lavando os pratos depois do jantar. Quando ouvi pela primeira vez, chorei. "Pedia a cada estrela fria um brilho de aluguel/E nuvens lá no mata-borrão do céu/Chupavam manchas torturadas, que sufoco louco/O bêbado com chapéu-coco fazia irreverências mil/Pra noite do Brasil, meu Brasil/Que sonha com a volta do irmão do Henfil/Com tanta gente que partiu num rabo de foguete." Estava na hora de pegar o meu chapéu-coco e fazer irreverências mil pra noite do meu Brasil. Pensei com os meus botões: poetas, seresteiros, namorados, correi. É chegada a hora!

existirmos, a que será que se destina?

Com as malas prontas tinha certeza absoluta que o *Cinema Transcendental* do Caetano escutaria no Brasil no meu aparelho de som novinho em folha. Durante todos os anos fora, sempre que chegava a notícia de um disco novo de Caetano mandava uma nota de 100 francos dentro de um envelope e pedia para que me mandassem a novidade o mais rápido possível. *Cinema Transcendental* me chegou quando já tinha embalado o meu som, e foi na casa de Juca e Pena que ouvi as doze faixas. Voltei várias vezes para prestar mais atenção na letra do *Vampiro* de Jorge Mautner e na poesia perfeita de *Oração ao Tempo*, um "senhor tão bonito quanto a cara do meu filho". Mas a trilha sonora do fim de um exílio voluntário foi a homenagem a Torquato Neto, que um dia abriu o gás para entrar para a história. Já dentro do avião da Ibéria que me trouxe de volta ao Brasil eu me perguntei: "Existirmos, a que será que se destina?"

Fim
parte 3

PRIVÉE

BOITE

POSTALE

PARTE 4

estilhaços de cartas na mesa

AU REVOIR PARIS

O descobrimento de portugal

Posto que o Capitão-mor desta Vossa frota, e assim os outros capitães escrevam a Vossa Alteza a notícia do achamento desta Vossa terra nova, que se agora nesta navegação achou, não deixarei de também dar disso minha conta a Vossa Alteza, assim como eu melhor puder, ainda que – para o bem contar e falar – o saiba pior que todos fazer! E portanto, Senhor, do que hei de falar começo:

Chegamos a Portugal! Foi uma saída corrida porque o avião decolou uma hora antes do previsto. Dez minutos depois da decolagem já não se via nada lá embaixo, nem mesmo a sombra do meu país. Pela janelinha do avião da Varig não sabíamos mais se era noite ou dia, se era o mar do Rio de Janeiro, as montanhas de Minas Gerais ou as nuvens do céu. Cadê o meu planeta Terra? Aqui estamos

nós, instalados num hotelzinho no centro velho de Lisboa cuja diária é 40 escudos. Tem aquecimento interno e uma bilha de barro em cima da mesinha de madeira escura. Fomos recebidos no aeroporto pelo Pascoal, não o monte, mas sim um funcionário do Serviço de Meteorologia. As primeiras impressões são as melhores. Come-se e dorme-se bem, o problema é a língua. A gente anda na rua e tem a impressão de que todos estão contando uma piada de português. Já vimos o Tejo, já comemos bacalhau, já andamos de bonde para não perder o da história. Já lemos a manchete do *Diário Popular*: "Geisel manterá a linha dura".
Lisboa 19/1/1974

paris é mais ou menos uma festa!

Da janela desse quartinho onde vamos morar por um tempo dá pra ver a Torre Eiffel. Custei a acreditar que era a verdadeira, a mesma dos cartões-postais. Paris nos recebeu de braços abertos, mais precisamente Maria Conceição Guedes, a Sãozinha, grande amiga da Faculdade de Arquitetura. Não consigo abrir a boca na rua, mas aprendi uma frase básica: *Je suis brésilien et je ne parle pas français!* Eu sou brasileiro e eu não falo francês. Para qualquer pergunta, saco essa resposta. Logo na primeira saída à rua para tentar comprar pão uma senhora me abordou e, em vez de dizer *brésilien*, eu disse *brésilienne*, brasileira. Estamos ajeitando nossa vida. Comemos todos

os dias no restaurante universitário, que é bem baratinho. Hoje teve batatas, filé de frango, salada de tomates (são mais doces que os daí) e alface crocante. O engraçado é que no restaurante universitário vendem vinho tinto em garrafinha. Quando for escrever, escreva em papel fino. Papel fino é outra coisa. Sempre que puder vá mandando recortes de jornais e revistas. Enquanto não ler francês vai ser duro.
Paris, 27/1/1974

secos e molhados

Andando pelo rio Sena cheguei ao famoso Quartier Latin e descobri uma livraria espetacular. Chama-se La Joie de Lire, a alegria de ler. É uma livraria bem comunista, com livros revolucionários sobre todos os países. A vitrine é uma homenagem a nossa pátria amada idolatrada: uma bandeira verde-e-amarela, uma foto enorme de

> O primeiro *Opinião* comprado na Joie de Lire a gente não esquece jamais.

soldados marchando pela avenida Brasil e uma faixa: *"Brésil: 10 ans de dictature militaire"*. O único jornal brasileiro que a Joie de Lire vende é o *Opinião,* e eu comprei o meu primeiro. Na capa, a explosão musical dos Secos & Molhados. Ainda não consegui entender por que diabos o nosso *Opinião* colocou secos e molhados na capa.
Paris, 1º/2/1974

eureka!

Aprendi uma técnica muito simples para não pagar mais correio e você vai poder mandar cartas, revistas e jornais inteiramente de graça. É o seguinte: depois de colar os selos no envelope, você passa por cima deles uma camada fina de goma arábica e deixa secar. Depois de secos, coloque a carta na caixinha. Quando ela chegar, é só pôr os selos dentro d'água. A água vai tirar a cola e também o *carimbo* – e o selo fica novinho em folha. Nossos amigos aqui têm se dado ao luxo de fazer uma marquinha com um xis atrás de cada selo para contar quantas vezes ele já foi e voltou.
Paris, 9/2/1974

a neve

Quer saber as novidades daqui? O açúcar não é em pó, são cubinhos, e não é de cana, é de beterraba. Segunda-feira foi um dia emocionante porque vi neve pela primeira vez. Estava na janela quando enxerguei os primeiros flocos caindo. Marinheiro de primeira viagem, não achei que fosse neve, olhei pra cima para ver se alguém estava jogando alguma coisa, sacudindo uma toalha. Quer mais novidades? A televisão não passa novelas. Nas bancas existem revistas sobre todos os assuntos, até caça ao javali. Nos cafés as pessoas estão sempre lendo alguma coisa, nos ônibus não há trocadores. O correio passa todos os dias pontualmente às 7, às 11 e às 4 da tarde. Vi no jornal das 8 um incêndio pavoroso em São Paulo e as imagens chocantes mostravam muita gente pulando pelas janelas. Será que essa notícia vai ser censurada aí?

Paris, 21/2/1974

dom hélder câmara

Ficamos sabendo que a polícia foi à casa do Chico Buarque e disse que era pra ele se mandar. Ele virá pra Inglaterra ou pra Itália, não sabemos ainda. Vimos no telejornal que o nosso dom Hélder Câmara é o mais forte candidato ao Prêmio Nobel da Paz deste ano, vocês estão sabendo disso? Te mandei meio camuflado pelo correio três páginas do jornal *America Presse* com uma reportagem sobre as manifestações contra o Brasil na Brazil Export. Gostamos demais dos

Se dependesse do nosso voto dom Hélder Câmara levava o Nobel da Paz de 1974.

recortes sobre o show do Caetano e do Gil em Nova Jerusalém. Pelas fotos, achei o Caetano tão comportado. Será que está entrando no esquema?
Paris, 22/2/1974

o ernesto

Recebi sua carta de 14 de março, ontem, segunda-feira, e no sábado passado recebi o folheto do DCE e os recortes da *Veja*. Pelo folheto e pelos recortes deu pra perceber que nada mudou aí. Por que diabos a censura continua na *Veja*? Até quando? O tempo aqui melhorou um pouco. Hoje vi os primeiros brotinhos nas árvores da cidade, que pareciam mortas desde que chegamos. A partir de amanhã vamos começar a assistir a aulas na École Nationale Supérieure des Beaux-Arts. A escola é uma loucura e ocupa todo um quarteirão da rue Bonaparte. Quero fazer um curso que parece ser muito bom: Técnica

O Ernesto não era aquele que morava no Brás nem mesmo aquele que nos convidou para um samba.

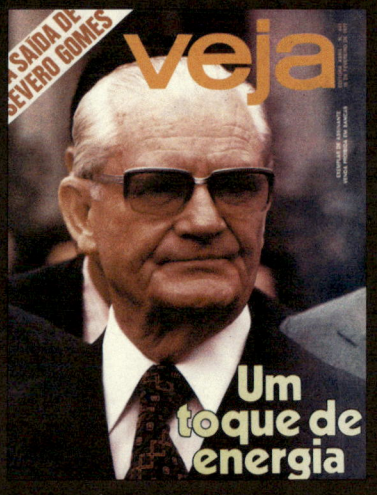

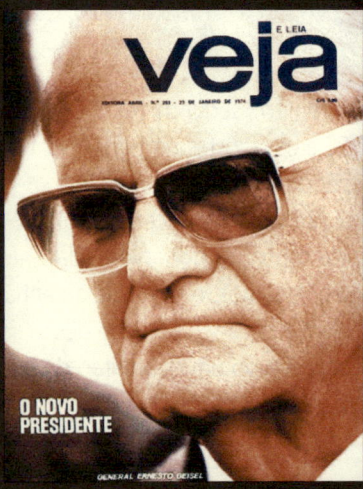

de Desenho Animado. Que história é essa de Pinochet ir à posse do Ernesto? Me conta como foi recebido aí. Com palmas e bandeirolas do Chile? Seguem também os recortes sobre a posse do Ernesto, aquele que não me convidou para um samba e nem mora no Brás.
Paris, 19/3/1974

on the road

Deixamos Paris 4 da tarde e pegamos a auto-estrada, onde as pessoas voam. Na saída de Paris vimos muitos hippies pedindo carona. São mais organizados que os nossos, eles não ficam pedindo carona com o dedo, usam placas indicando o nome da cidade aonde querem ir: Lyon, Nice, Argentan, Versailles. Vimos muitas barracas de flores vendendo tulipas holandesas. Carros levam pranchas de esqui no teto, é uma paisagem muito diferente pra gente. Todos os franceses usam cinto de segurança e bebida alcoólica é proibida nos bares e restaurantes de estrada, mas os outdoors de cerveja estão por todos os lados: Amstel, Stela Artois, Mutzig, Pilska, Carlsberg, Kantërbrau. Chegamos a Jullouville tarde e cansados, preparamos um macarrão com peito de frango e molho de tomate.
Jullouville, 25/3/1974

cangaceiro

O tempo está maravilhoso, 17 graus! A casa tem vista pro mar só de manhã, porque de tarde ele vai embora. Cedo compramos sardinhas frescas direto dos pescadores e fizemos na brasa. Comemos com arroz *créole* (já ouviu falar? É feito no forno), tomamos vinho e comemos queijo, alguns fedorentos, mas gostosos. À noite vimos um filme na TV e a trilha sonora era só música brasileira. Não reconheci ninguém. Outro dia em Paris, um jukebox anunciava uma música com Joan Baez chamada *Cangaceiro*. Colocamos uma moeda e ouvimos: "Olê mulher rendeira/Olê mulher rendá/Tu me ensina a fazer renda/Que eu te ensino a namorá".

Jullouville, 26/3/1974

au revoir, pompidou!

George Pompidou morreu e está nas capas das três revistas semanais, *Le Point, L'Express* e *Le Nouvel Observateur*. Teremos eleições nos próximos dias, já pensou nisso? Eleger o presidente da República? A esquerda tem chances de ganhar, e isso nos anima muito. Lançaram um novo jornal diário chamado *Le Quotidien de*

Paris. É editado pela turma do *Combat*, um antigo jornal comunista. Sabia que os jornais daqui não têm coluna social, aquelas coisas do tipo "quem aniversaria hoje é a cocadinha..."? Os jornais daqui não circulam aos domingos e eu já tenho saudade daqueles jornais imensos que a gente começa a ler na rede depois do almoço e joga de lado. Me lembro de uma charge do Millôr em que o cara abre a porta e vê aquele *Estadão* de todo tamanho no capacho e exclama: "Meu Deus, o que será que aconteceu ontem em São Paulo?" Os jornais têm publicado todos os dias notícias das enchentes que estão arrasando o Brasil. Ninguém me contou nada nas cartas sobre essas enchentes.

  Paris, 8/4/1974

mitterrand!

  Às vezes é muito ruim ligar o meu radinho de pilha e ter a certeza de que não vou ouvir uma música do Caetano nem a nova canção do Roberto. Mas ao mesmo tempo é bom sentir o cheiro do incenso chinês que ganhamos do Dobal espalhar-se pelos poucos cômodos do nosso apartamento. A fumaça entra pelos armários que não têm portas, pelas poltronas que não têm pés, pela cabeça que não tem grilos. É bom acordar com esse sol, junto com esse domingo. É bom pegar o mapa-múndi que temos aqui, abri-lo no chão e medir

as distâncias com uma régua de apenas 30 centímetros e depois percorrer toda a casa à procura de um bloco de papel de carta pra escrever para a família, pros amigos. Sentar aqui nessa mesa cheia de recortes, livros, revistas, jornais e uma taça de chá com um leve gosto de laranja e canela. Hoje é o dia das eleições. Ah, como estamos torcendo pela vitória de François Mitterrand!
Paris, 19/4/1974

viva brice lalonde!

Lamento profundamente, mas não vai dar Mitterrand. Tinha tudo para ganhar no primeiro turno, mas não deu, vai dar Giscard. Merde, alors! Mandei uma carta para a revista *Veja* perguntando o preço de uma assinatura para a França e eles tiveram a coragem de responder: Cr$1.053.00! Mil e cinqüenta e três cruzeiros! Vou continuar sem a revista, mas contando com os seus recortes. Ando tão chateado com essa história do Mitterrand perder as eleições que se fosse votar hoje votaria no Brice Lalonde. Cada dia gosto mais dos ecologistas. Veja a cidade ideal de Brice Lalonde no cartaz que estou te enviando. Sem perder a ternura jamais!
Paris, 20/4/1974

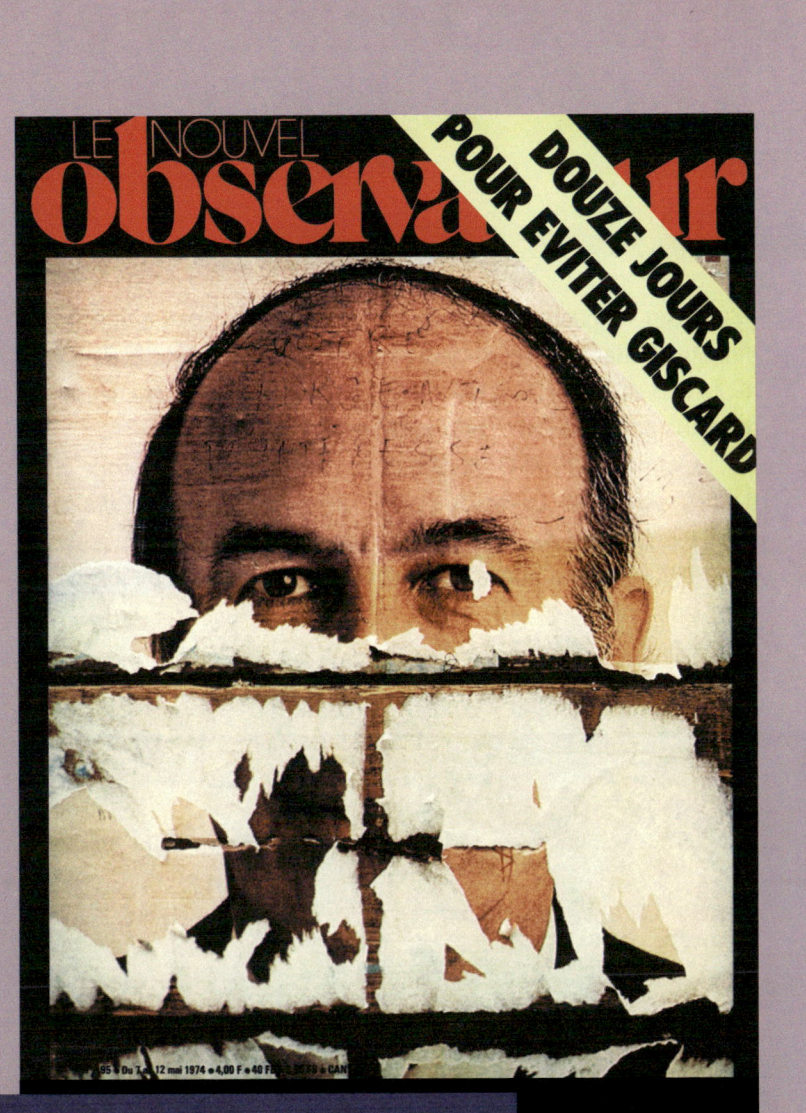

A revista *Le Nouvel Observateur* anunciava: temos doze dias para evitar Giscard.

■ 49,3%

Giscard ganhou! Fazer o quê? Foi uma pena, mas o que alivia a gente é saber que 49,3% dos franceses votaram na esquerda e a luta não vai terminar. A revolução portuguesa foi gloriosamente festejada por aqui. Tem muito nego voltando pra lá.

Vamos à Copa! O primeiro jogo não vai dar pra ir porque o dinheiro está curto. Devemos ir para Frankfurt lá pelo dia 16 pra ver Brasil e Escócia no dia 18. Depois vamos para Gelsenkirchen ver Brasil e Zaire. Você sabe a queda que tenho pelos fracos e oprimidos, né? Brasil ou Zaire?

Paris, 30/4/1974

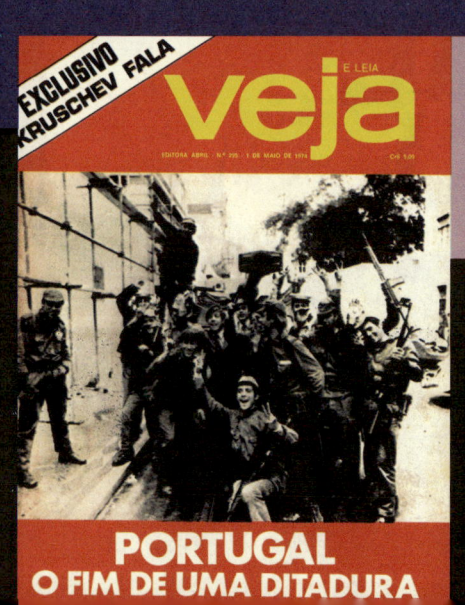

Tanto mar. "Sei que estás em festa pá, cá estou doente."

o exorcista

A Copa está chegando. Devemos ir pra Alemanha, sim, só não sabemos o dia. A Itália continua firme liderando as apostas, mas eu continuo apostando na Alemanha Ocidental. Em setembro entra em cartaz um filme que está dando muita polêmica: *L'Exorciste*! Amanhã vamos ver *Toute Nudité Sera Châtiée*, do Arnaldo Jabor. Esses filmes matam a saudade da gente ou matam a gente de saudade. Estou começando a escrever um livro de contos que vai se chamar Juízo Final. O Jack deve estar recebendo hoje o prêmio que ganhamos com o trabalho sobre Rui Barbosa lá na Casa do Rui Barbosa, no Rio. Fomos cedo ao correio buscar uma encomenda. É sempre uma alegria quando encontramos na caixinha de cartas um aviso cor-de-rosa do correio, sinal de que chegou pacote. Hoje foi o livro *Sei Cozinhar,* que dona Dora mandou, com mais de 300 páginas de receitas muito simples e boas. Quando bati o olho na receita de coxinha me deu água na boca. Como são gostosas as nossas coxinhas, chego a sonhar com elas.

Paris, 5/6/1974

O Exorcista chegou a Paris junto com a nudez castigada de Arnaldo Jabor.

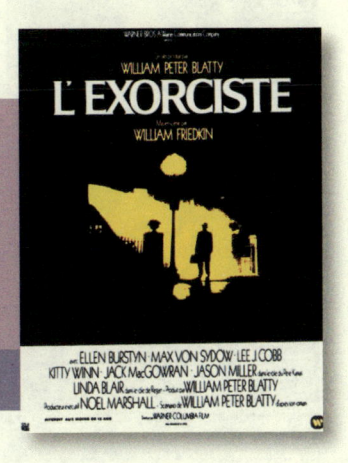

▪brasil e zaire

Acabei assistindo aos dois primeiros jogos do Brasil pela televisão, bem frios. Quinta-feira me animei e fui pra Gelsenkirchen. Saí daqui no trem das onze e meia. Comprei passagem até Colônia, porque não tinha direto pra Gelsenkirchen. Resolvi ir até Gelsenkirchen de carona. Fui para a estrada e em poucos minutos parou uma Kombi. O cara não falava nada de francês, mas uma menina que estava com ele arranhava, e aí deu pra gente se comunicar. Eles me deixaram em Dortmund e de lá fui a pé cinco quilômetros. Realizei o sonho de caminhar pelas estradas da Europa. Nenhum sinal de Copa. Só saquei que não estava indo pro lugar errado quando vi a placa "Bem-vindo a Gelsenkirchen" e um logotipo da Fifa ao lado. Entrei numa loja de artigos esportivos para comprar ingresso pro jogo Brasil e Zaire e uma espanhola veio falar comigo. Viu que era brasileiro porque carrego uma bandeirinha do Brasil de pano costurada na mochila. Ela me vendeu o ingresso (custou 22 marcos) e perguntou se eu tinha onde dormir. Não, não tinha. Ela ligou para o Dominguez, um amigo espanhol que mora num apartamento enorme, e foi lá que passei a noite. Ele é desenhista

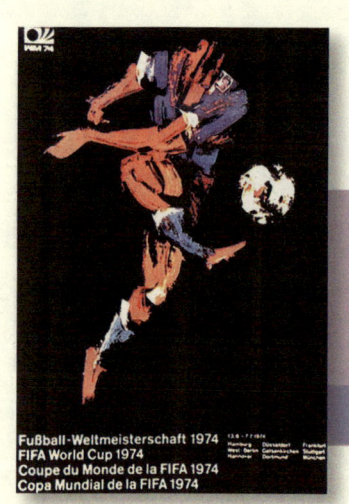

> A dúvida entra em campo. Torcer pelo Brasil da ditadura ou pelo pobre Zaire?

industrial, escreve poemas e foi muito gentil. Voltei pra Paris de carona, aos picadinhos. Passei por Dortmund, Düsseldorf, cidades onde estão tendo jogos. Cheguei aqui de graça. Em casa encontrei uma carta enorme do velho. O envelope chegou aberto e rasgado. O PTT passou um durex em volta do envelope. Será que desconfiaram de alguma coisa porque a carta era gorda? Vamos ficar atentos.
Paris, 25/6/1974

a número 1

Além da Alemanha, o outro motivo do meu sumiço foi o livro Juízo Final, que estava organizando e terminei ontem. São 21 contos em 84 páginas datilografadas. Acho que ficou legal. Passei a tarde inteira procurando um encadernador nesta cidade. Encadernei, embalei e levei ao correio. Agora está lançada a sorte. Acho muito difícil ganhar esse Concurso Fernando Chinaglia porque tem muita gente boa concorrendo, vários escritores consagrados.

Que fiasco a Copa, hein? No fundo, no fundo, até gostei, só fico com pena dos pobres que sonhavam com o Brasil campeão e nessa hora sofrem mais ainda. Futebol, tristeza do povo! Um amigo nosso tem uma fazenda e a gente está pensando em ir para lá em setembro colher uvas e maçãs para ganhar um dinheirinho. O Jack me mandou a primeira parcela do dinheiro do Rui Barbosa e muitos recortes do sucesso que foi a entrega do prêmio lá no Rio. Ele prometeu me mandar a *Veja* toda semana. Preste atenção: agora vamos numerar as cartas porque tenho certeza que algumas estão sumindo. Então esta é a número 1! Abraço.
Paris, 12/7/1974

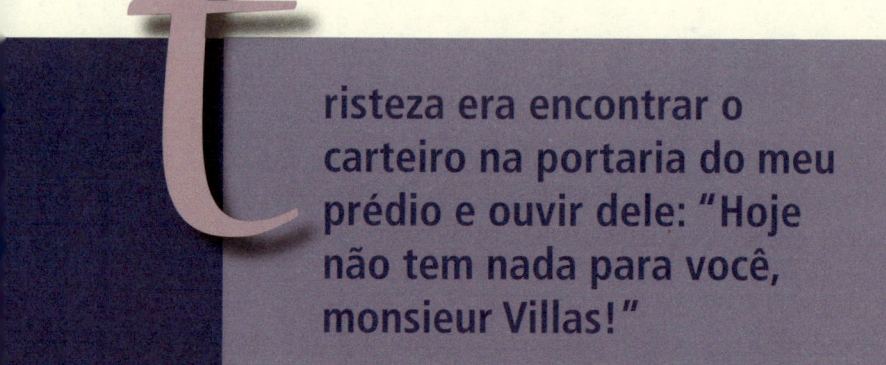

tristeza era encontrar o carteiro na portaria do meu prédio e ouvir dele: "Hoje não tem nada para você, monsieur Villas!"

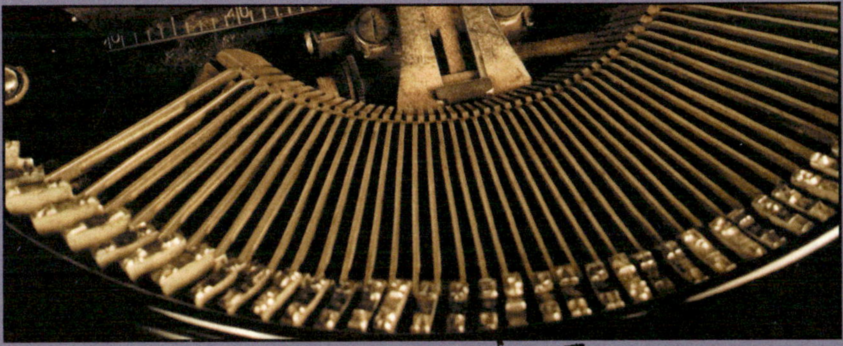

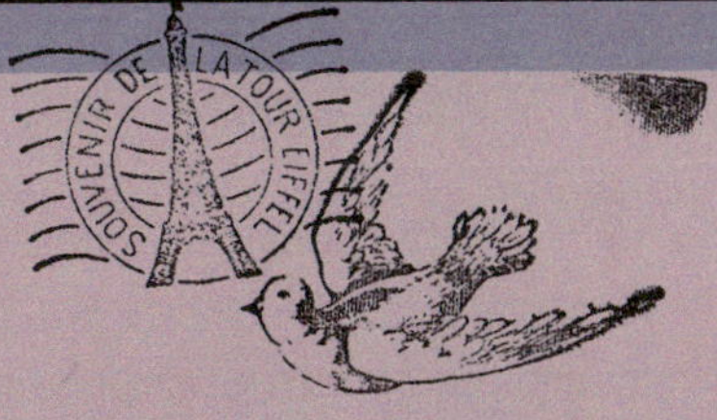
SOUVENIR DE LA TOUR EIFFEL

civilização brasileira

Abriu uma livraria aqui muito legal, é a Livraria Portuguesa. O dono é de Minas Gerais, inclusive já foi candidato a prefeito de Belo Horizonte. O nome dele é José Maria Campelo, já trabalhou no jornal *O Binômio* aí em BH, que foi fechado pelo regime. O Zé Maria contou que a editora Civilização Brasileira está montando uma filial em Lisboa para editar tudo que está censurado aí. Comprei o livro *Les Mots* (As Palavras) do Sartre. Ele conta a infância dele passada em lugares que agora conhecemos. Sartre morou com o avô na rue le Goff, que é paralela à rue Paillet, onde moramos. Fiquei triste em saber que vocês não vão poder ver *O Exorcista*. É o Brasil. Hoje na escola tive de dar uma palestra sobre Che Guevara e não sei se fui muito bem com o meu francês ainda tosco. *Adiós y hasta la vista!*
Paris, 22/7/1974

patropi

Você não vai acreditar, mas compramos uma mobilete. A marca dela é Cady e dá pra andar por Paris inteira. Ainda não tivemos coragem de sair pelas ruas. É amarelinha e está guardada aqui na nossa cozinha, mas não me pergunte como subimos com ela esses andares todos pela escada. Entrei no supermercado e ouvi *País Tropical*, com Jorge Ben. Enquanto escolhia frutas e legumes cantarolava essa música. Que belê!
Paris, 24/7/1974

il est super maniable

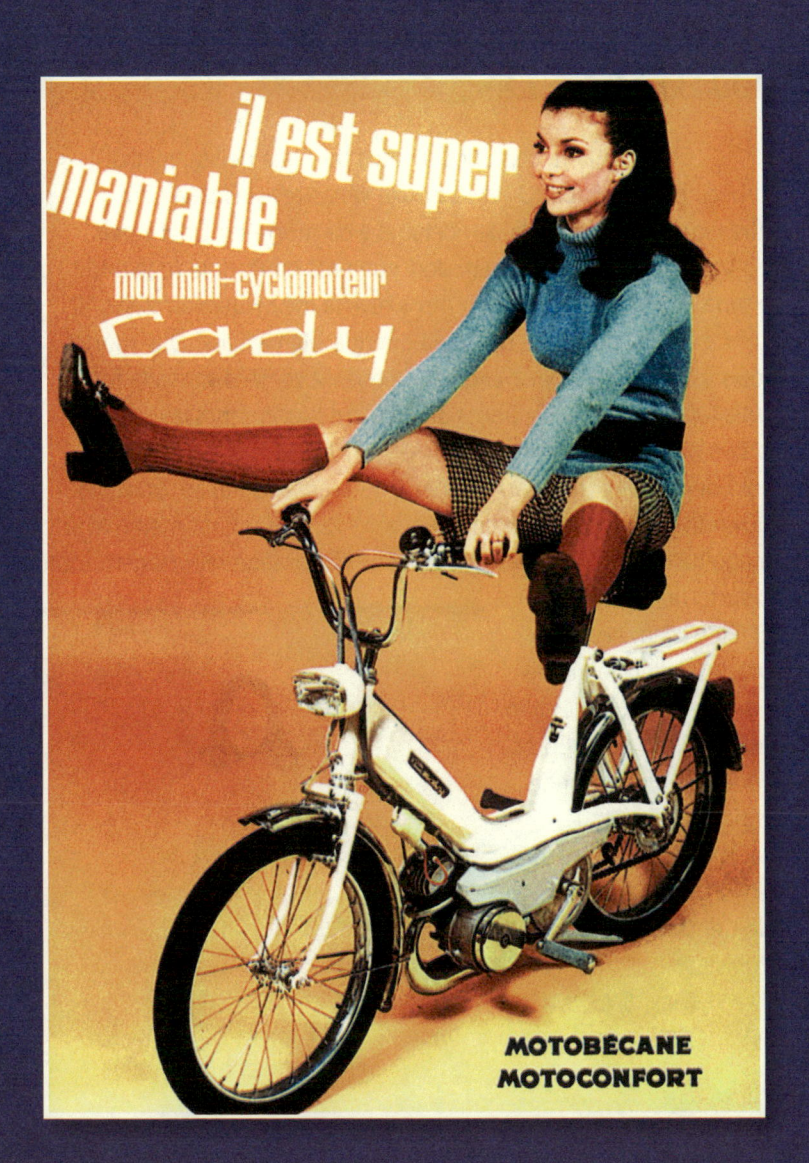

mon mini-cyclomoteur
Cady

**MOTOBÉCANE
MOTOCONFORT**

mama cass

Chegou tanta coisa nos últimos dias que deixou minha cabeça embaralhada. O navio trouxe várias revistas *Veja* bem atrasadas, falando ainda de Portugal e da morte do Oriel Pereira do Vale. Recebemos também dois números da *Planeta* (que adoro) e uma *Realidade*. Acabaram com a revista, né? Fiquei arrasado com a notícia da morte da nossa querida Mama Cass. Que morte mais estúpida, você viu? Engraçado que na semana passada fui a uma lojinha que vende discos antigos em Montparnasse e comprei o *Bubble Gum, Lemonade & Something for Mama*. É um disco solo dela, mas com a cara e a pinta de Mamas & Papas. Estou aqui ouvindo agora, um pouquinho empenado, mas em momento algum a agulha pula. O *France-Soir* publicou uma grande reportagem sobre o surto de meningite aí. Eles falam de muitas mortes, principalmente em São Paulo. Vocês não estão com medo? Como você não me responde várias coisas estou sacando que tem carta lá no Departamento de Censura e Diversões Públicas.

Paris, 5/8/1974

fidel

Que tristeza! As folhas da cidade estão secando e o vento do outono já começa a soprar aqui na janela. Minha mesa está superlotada de coisas, muitos livros, papéis, uma lata de Seven-Up cheia de lápis de cor, um cinzeiro amarelo de propaganda de Ricard, seis carrinhos de metal e anotações para um livro que pretendo escrever um dia. Ontem conhecemos uma mesquita, um lugar que transmite muita paz e sossego. Tomamos um chá delicioso, servido em copinhos coloridos em bandejas de cobre. Comprei um chinelo vermelho que é bárbaro, superconfortável, exótico pacas. O Jean Pierre, amigo nosso, está no Brasil e nos mandou um cartão-postal contando que estava comendo carne de tatu no restaurante Tavares. Que loucura! Marco me mandou mais um número da *Planeta*. Essa revista é a versão brasileira da *Planète,* que não existe mais, só nos sebos. Outro dia comprei um número especial sobre Bob Dylan e a beat generation e outro sobre Fidel Castro. Você está sabendo se a *Argumento* fechou ou se fecharam com ela?
Paris, 21/8/1974

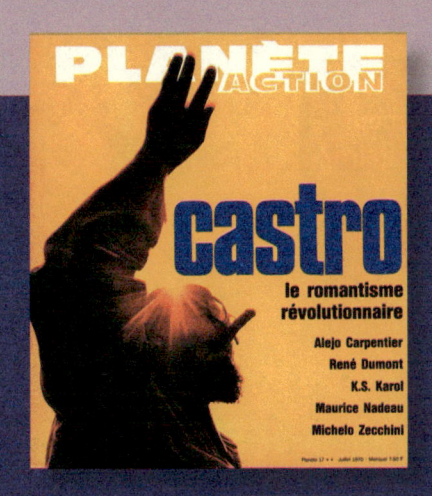

veja E LEIA

GRÉCIA: A VOLTA DOS CIVIS

Meningite
OS EXAGEROS DO MEDO

A hora e a vez da Grécia. Quando os civis vão voltar ao poder no meu Brasil brasileiro?

combate

Ontem saiu o último número do jornal *Combat*, de esquerda, cuja agonia acompanhei durante toda a semana. O último número saiu todo em branco, apenas com as manchetes, e a principal foi: "Inflação francesa fecha este jornal". Gostei de ver a Grécia na capa da *Veja*, o que deve ter assustado um pouco o regime aí, né? Primeiro foi Portugal, agora a Grécia. Eles devem estar pensando: "Vamos parar por aí, certo?" Tio Afonso esteve aqui e disse que ficou horrorizado ao ver mulheres varrendo ruas, dirigindo ônibus e táxis em Moscou. Ele falou muito mal do comunismo e nós ficamos bem caladinhos, na nossa. Sabe que nos últimos tempos tenho recuperado na minha memória letras inteiras de canções brasileiras do passado? *Antonico* não me sai da cabeça.

"Ô Antonico
Vou lhe pedir um favor
Que só depende
Da sua boa vontade
É necessário uma viração pro Nestor
Que está vivendo
Em grande dificuldade
Ele está mesmo
Dançando na corda bamba
Ele é aquele
Que na escola de samba
Toca cuíca, toca surdo e tamborim
Faça por ele
Como se fosse por mim."
Paris, 7/9/1974

el pueblo unido

Sábado fomos a uma passeata, mais de 80 mil pessoas reunidas num protesto gigantesco contra o regime militar chileno. Um ano de ditadura! Foi a coisa mais linda do mundo ver todos de braços dados cantando *el pueblo unido jamás será vencido!* Havia um imenso boneco de pano do Pinochet que foi enforcado em praça pública. Semana passada foi para as paradas de sucesso das rádios uma música chamada "Eu conhecia um peixe". É a versão francesa da música *Eu Só Quero um Xodó*, do Dominguinhos. Agora todas as máquinas do metrô são automáticas. Não tem mais como andar de graça, só se pular a borboleta ou passar por baixo.

Paris, 28/9/1974

Alta tecnologia. Uma máquina agora engole o seu ticket de metrô.

a história e a glória

Ontem, depois do almoço, fomos ao parque de Vancresson colher castanhas. Nunca poderia imaginar que um dia veria uma castanheira tão de perto. Aqui elas têm o nome de marrom e são idênticas àquelas que o velho comprava no Natal e a velha cozinhava na panela de pressão, mas antes tirando uma lasquinha para que não explodissem. As aulas na Sorbonne III começaram. A escola é muito diferente da Faculdade de Filosofia daí, as pessoas, o prédio, tudo. Cinco minutos antes de cada aula terminar vem um bedel, abre a porta e, cinco minutos depois, quando termina, ele entra, varre o chão, limpa a lousa e passa um pano nas carteiras. Como os franceses são metódicos!!! O *Monde* tem dado notícias daí. Hoje falou dos pivetes de São Paulo que foram deixados nus na fronteira de Minas Gerais. Fiquei sabendo que lançaram a edição brasileira da revista *MAD*. É engraçada? Se puder me mande o primeiro número de uma revista que se chama *Rock – A História e a Glória*. É feita pelo Tárik de Souza, que é um cara muito bom. Fomos ver *Fantôme de la Liberté*, do Buñuel. Tenho certeza que se passar aí vai ser picotado.

Paris, 11/11/1974

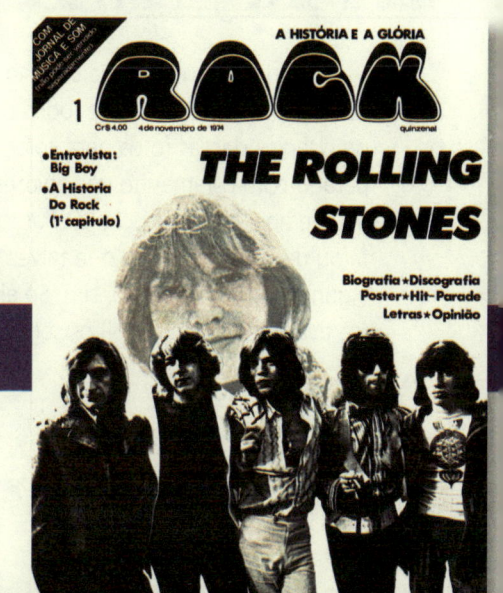

sinal fechado

Ficamos sabendo que o Chico lançou um disco chamado *Sinal Fechado*. Adorei o título. Como a censura deixou passar? É uma música nova dele ou aquela do Paulinho da Viola? O Haroldo Sabóia ficou sabendo e veio aqui checar se já tínhamos recebido. Agora tenho lacrado os envelopes com adesivos de diabinhos, imitando a *Veja*. Se algum chegar violado aí me avise. Gostei de ganhar Menção Honrosa do Prêmio Chinaglia. O velho escreveu dizendo que vai ao Rio receber o diploma, imagine o orgulho dele! Lançaram na semana passada uma cigarrilha chamada Reintas Brasil. Na propaganda, um cara de bigode com um imenso chapéu mexicano! Estamos pensando em fazer cartões de Natal pra descolar uma graninha. Cacá e Aroldo estão com umas idéias ótimas.

Paris, 19/12/1974

abbey road

Adorei as fotos que o velho mandou. Achei ótima a idéia dele de tirar fotografias de todos os cantos da casa, estava mesmo precisando dessas fotos para colocar a memória em dia. Fiquei parado com o tamanho das árvores que plantei, é incrível como aquele abacateiro cresceu. O flamboyant também está imenso. Você falou de um colega seu que talvez venha e me pergunta se quero alguma coisa daí. Quero, sim. Se ele vier mesmo, você pode mandar (se tiver grana disponível) os seguintes discos:

Cantar, de Gal Costa

Milagre dos Peixes, de Milton Nascimento (é o disco gravado ao vivo, e não o primeiro milagre)
Cena Muda, da Maria Bethânia
Sinal Fechado, do Chico Buarque
Aprender a Nadar, do Macalé
Os Alquimistas Estão Chegando, do Jorge Ben
Tome muito cuidado porque a Philips é foda pra vender disco empenado, faltando o pôster dentro. Não estamos pensando em voltar definitivamente pro Brasil tão cedo, achamos precipitado e barra-pesada.
Paris, 30/12/1974

fazenda modelo

O *Le Monde* informa que a censura na imprensa aí está acabando e só três hebdomadários ainda estão com censura prévia. Não falam quais, mas imagino que sejam a *Veja*, o *Opinião* e o *Politika*. Adorei o livro *Fazenda Modelo*, do Chico. Se ainda não leu, leia! É incrível como o Chico descobriu um jeito de driblar a censura. Bem feito, quem mandou ela ser burra! Ele me lembrou *A Revolução dos Bichos,* do George Orwell. Sempre ouço aqui o discurso que o Caetano fez em 68: "Mas é essa a juventude que diz que quer tomar o poder? Vocês vão sempre matar amanhã o velhote inimigo que

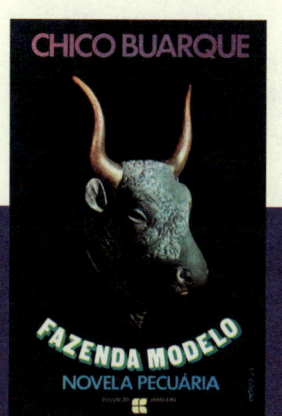

Fazenda Modelo. Uma novela pecuária de Chico Buarque para tapear a censura que assolava o Brasil.

morreu ontem. Hoje não tem Fernando Pessoa, eu e Gil viemos aqui pra acabar com o festival e com toda a imbecilidade que reina no Brasil!" Mandamos passar pro papel uns velhos slides que temos da família. Eu continuo com um livro inteiro na cabeça, só falta escrever: O Equilíbrio dos Loucos.

Paris, 20/1/1975

o faroeste brasileiro

Estou impressionado com as reportagens que o *Le Monde* está publicando sobre Mato Grosso, *"Le western brésilien"*. O enviado especial fala da pobreza do lugar e conta que todos lá cumprimentam com a mão fraca. Eu nunca mais tinha me lembrado dessas pessoas que não conseguem apertar a mão do outro. Comprei o primeiro número de um novo jornal diário chamado *L'Imprévu*. O título é ótimo – O Imprevisto –, mas durou apenas onze números. O primeiro número vendeu 25 mil exemplares e o último apenas 2 mil. Ouvimos pela primeira vez a música *Felicidade*, do Lupicínio, cantada pelo Caetano. A fita vai e volta muitas vezes por dia. Hoje é um dia muito especial. Vamos comer aquela feijoada em lata que o velho mandou. Vamos beber a lata de guaraná que dona Dora mandou e comer a farinha que ainda resta. Com laranja e tudo mais. Só vai faltar a couve. Vai ser uma feijoada quase completa.

Paris, 9/2/1975

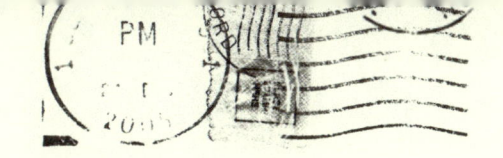

carte orange

Hoje começou a valer a Carte Orange. É uma carta que vem com um ticket plástico que vale pro mês inteiro. Uma mão na roda, a carta tem vários preços – pra região parisiense ela custa 40 francos. Você pode andar quantas vezes quiser de ônibus, metrô ou trem. No ônibus a gente entra e mostra pro motorista. Ela é linda, laranja (claro) e tem uma foto 3X4 do dono. Mande sempre um PS dizendo tudo que recebeu dentro da carta. Ando desconfiado que muita coisa não está chegando aí.
Paris, 1º/7/1975

correr mundo, correr perigo

Compramos uma máquina fotográfica Asahi Pentax Spotmatic F que é o maior barato e estávamos namorando há dias. Decidimos ir para o Líbano, mesmo sabendo que o país está em guerra. Antes tarde que nunca. Voltaremos pela cortina de ferro. Entrei em contato com a Editora Bloch. Eles acham que pode ser uma boa reportagem pra *Revista Geográfica Internacional*, que não conheço. Adorei a reportagem do Nirlando Beirão sobre os argentinos na *Veja*. Se eu fosse anotar as coisas que acontecem aqui com os brasileiros daria um livro tipo Stanislaw Ponte Preta. Por falar em livro, a idéia agora é finalizar O Baile das Máscaras pro Prêmio Chinaglia. Será que emplaca?
Paris, 16/7/1975

o baile
das máscaras

Terminei o meu livrinho de contos que vou mandar pro Concurso Chinaglia. São 36, todos inéditos. Não tem ilustrações, só a capa que foi feita a quatro mãos. Eu entrei com a cor das minhas ecolines maravilhosas. Paulo Augusto me mandou um livro espetacular chamado *Humberto Mauro, Cataguases, Cinearte*. É um dos livros de cinema mais importantes de todos os tempos. A minha surpresa maior foi, logo no início, na página 9, uma referência ao Hotel Villas. Na página 26 encontro o nome do nosso avô, José Villas Bouçada. Fiquei emocionado. Tirei uma fotocópia e mandei pro velho. Ele vai se emocionar também. Fomos almoçar com tio Afonso, que está pensando em vender a casa da Itália. Está com medo do comunismo. Sexta-feira passada fomos na casa do Humberto Werneck, um jornalista da e de *Visão*. Foi um dos encontros mais legais que tivemos aqui. Chegamos mais ou menos 10 da noite e saímos 8 da manhã. Conversamos sobre tudo, consumimos duas garrafas de vinho, uma panelada de pipoca e várias xícaras de café. Tinha também pão de forma e patê. Foi lá que ficamos sabendo do caso Nelo Nuno, ele era muito amigo dele. O Humberto é casado com a Marisa, irmã do Marcos Teixeira, colega meu do Colégio Arnaldo. Recebi uma revista chamada *Bicho* e uma *Status*, com contos latino-americanos.

Paris, 29/7/1975

O sonho não acabou:
um jornalista de
carteirinha organizando
o movimento.

não chore por mim

A notícia mais triste que tenho para dar é a morte da revista *Actuel*, a bíblia do underground. Durou cinco anos e vai deixar muita saudade. Era uma revista muito diferente das convencionais, absolutamente fora do comum. Tenho alguns números aqui em casa e agora uma missão: percorrer as barraquinhas à beira do Sena em busca de números antigos que me escaparam. Chegou a confirmação de que ganhei de novo Menção Honrosa no Chinaglia. A luta continua! A Espanha nas manchetes dos jornais. Todo mundo indignado com o Franco, esse filha da puta!
Paris, 3/10/1975

é proibido proibir

O telefone internacional funciona assim: são cabines mais ou menos normais que existem nas proximidades do Arco do Triunfo, na avenida dos Champs-Élysées, onde aquela gente chique passeia com seus cachorros. Os aparelhos são enormes e têm tubos transparentes onde se podem colocar moedas de 20 e 50 centavos, 1 e 5 francos. Bom, aí você põe no tubo o tanto de moedas equivalente ao tempo que quer falar. Cada país tem seu preço. O Brasil custa caro: 16 francos cada minuto (32 cruzeiros). Pra ligar lá pra casa é preciso discar 19 55 31 221 03 18. Se quiser continuar falando, é só ir colocando moedas nos tubos. O jornal *Opinião* publica toda semana um resumo de vários jornais e revistas do mundo. Estou te

ACTUEL c'est fini!

5F

N° 58. Octobre 197.
MENSUEL

mandando junto com esta um recorte da *Nouvel Observateur* e o artigo traduzido que saiu no *Opinião* depois de passar pela censura. As partes cortadas o *Opinião* tem deixado em branco. Veja só o que eles cortam: "Ela se chamará Tânia, como a companheira de Che Guevara". Eles cortaram "como a companheira de Che Guevara". Num artigo sobre a Pat Hearst eles censuraram um pedaço que diz "ninguém é livre se todos os homens não são livres". A morte do Vladimir Herzog foi muito noticiada, odiada e criticada. Estou te mandando recortes do *Monde* e da *Newsweek* porque imagino que essa notícia deve estar sendo muito patrulhada. Recebi de Paulo Augusto uma nova revista de literatura chamada *Escrita*. Vi também uma notinha sobre um jornal chamado *Versus*, já conhece? Dizem que é formidável, inspirado na revista argentina *Crisis,* do Eduardo Galeano. Todo mundo tem escrito pra cá dizendo que a situação está "ruça". O que significa isso? "Brasília tá ruço", "Nada mais ruço..." Pra mim russo é da Rússia e com dois esses. Russo pra mim é Brejnev.
Paris, 30/12/1975

monsieur toulouse!

Fico aqui nesse escuro da noite pensando em poemas, contos, desenhos. Fico pensando no meu país, nos meus amigos, sentindo esse frio de inverno tão rigoroso. Fico aqui chupando uma laranja vermelha carimbada Spania na casca. Ouvindo *Minas, Refazenda, Academia de Danças* e *Desire*, o novo disco de Bob Dylan. Adoro *One More Cup of Coffee*. Vimos uma exposição espetacular do Toulouse-Lautrec, obras vindas do museu de Albi. Fiquei emocionado diante daqueles quadros espetaculares que conhecia apenas da coleção

"E então, senhor Toulouse... continua com a pintura?"

Gênios da Pintura. Eu tenho aqui em casa uma revista *Pilote* com uma capa muito engraçada. Fizeram um desenho parecido com os dele, uma prostituta em forma de galinha. Lautrec chegando ao bordel e a prostituta perguntando: *"Alors, monsieur Toulouse, toujours dans la peinture?"* Acabei de ler um livro muito legal: *Entretiens avec Pier Paolo Pasolini*, do Jean Duflot. Pasolini sempre abre a minha cabeça. O jornal *Totem* de Cataguases publicou um trabalho gráfico meu: *Nascimento, vida e morte da História em Quadrinho*.

Paris, 26/1/1976

o cartão

Você não pode imaginar como fiquei emocionado quando abri o envelope verde-e-amarelo e saiu lá de dentro um cartãozinho que o velho mandou. Acho que ele encontrou esse cartão em algum baú de prata dentro dele: "Ângela Maria, grata pela sua presença, oferece como lembrança da passagem do seu quinto aniversário e batizado de seu irmãozinho Alberto Villas Bouçada Junior". Recebemos o pacote de Vera com o livro *Feliz Ano Novo*, do Rubem Fonseca, e os discos *Plano de Vôo*, do Luiz Gonzaga Jr., *Caça à Raposa*, do João Bosco, e *Antologia do Samba Canção*, com o Quarteto em Cy. Foi uma semana rica. Recebemos também a revista *Status* e o jornal *Movimento*.

Paris, 14/2/1976

do guarani ao guaraná

Está rolando um papo aqui de que o Mino Carta deixou a *Veja*, você tem alguma notícia? Os jornais já anunciam a vinda do Geisel no mês que vem. A imprensa chama o general de "patrão da ditadura brasileira". Abriram uma loja exótica aqui na nossa rua que vende até goiaba, chuchu, mandioca e quiabo. Imagine que o quilo de quiabo importado da África está custando o equivalente a 50 cruzeiros. Tem produtos do mundo inteiro, mas, guaraná, necas! A loja chama-se Chez Jojo. Já vimos um anúncio do Guaraná Antarctica com embalagem em francês, mas nunca vimos pra vender. Li um livrinho infantil formidável: *O Menino e o Pinto do Menino*, do Wander Piroli. *Paris, 29/3/1976*

O Guaraná brasileiro para francês ver.

nothing

O Eudes chegou numa tarde de domingo de sol de primavera. Trouxe o disco *Revolver,* do Walter Franco, que adorei. A capa é ótima e todas as músicas, surpreendentes. A música *Nothing* é muito simples e grudou na minha cabeça: "Nothing/To see nothing/To do nothing/Today about me/I'm not happy now/I'am not sad/I'm just nothing now/Looking to the empty space". Ficamos revoltados com a cassação do Lysâneas Maciel. É o fim da picada. O *Monde* deu uma matéria grande na primeira página: "O governo brasileiro procura intimidar a oposição". Estou sentindo que o Geisel vai fechar o Congresso.

Paris, 4/4/1976

O ditador Jorge Rafael Videla na capa da *Veja.* Os militares ocupam a América do Sul.

zuzu angel

Hoje acordei com uma música do Tom Zé na cabeça: "A Brigitte Bardot está ficando velha/Envelheceu antes dos nossos sonhos/E a Brigitte Bardot agora está ficando triste e sozinha/Será que algum rapaz de 20 anos vai telefonar/Na hora exata em que ela estiver com vontade de se suicidar?" Acordei animado, mas minutos depois estou aqui revoltado. Chegou a *Veja* com o Volpi na capa. Foi uma alegria ver o mestre das bandeirinhas na capa, mas bastou chegar na página 25 para levar um choque. A morte de Zuzu Angel foi noticiada apenas no título. No lugar da matéria, a arvorezinha da Abril. É revoltante, é inacreditável, é inconcebível o que os militares estão fazendo nesse país. Viva Zuzu Angel! Li uma longa entrevista do Mino Carta explicando sua saída da *Veja*. Escreveu um bilhete para o Victor Civita assim: "Prezado Sr. Victor: Por razões que dizem respeito à minha alma, demito-me da direção de redação da revista *Veja* e de qualquer outro cargo que porventura exerça na Editora Abril. Com um sorriso, Mino Carta". Ele deixou a *Veja* por dois motivos: a censura que não saiu da revista e a demissão (exigida pelo Victor Civita) do Plínio Marcos. A entrevista termina assim: "O que o senhor vai fazer agora? Procurar emprego". Fomos a uma reunião sobre a situação política no Brasil no Comité France-Brésil na Universidade Jussieu. Nas ruas, cartazes anunciam: "Fora Geisel!", "Fora ditador brasileiro!"

Paris, 25/4/1976

MEMÓRIA
Zuzu Angel (1921-1976)

Uma arvorezinha para cada gôsto.

Num dia de 1950 apareceu uma arvorezinha nas bancas de todo o país. Era a primeira revista da Abril.

Com o tempo, apareceram muitas e muitas outras, trazendo na capa o símbolo da Abril e de uma alta qualidade jornalística, editorial e gráfica.

Hoje a Abril edita revistas de atualidades, de interêsse geral, femininas, infantis, especializadas em automóveis e turismo, esportes, televisão, foto-novelas, educação, moda. Além disso, publica mensalmente uma revista para executivos e diversas revistas técnicas, de circulação dirigida.

cogumelos na manteiga

A revista *Escrita* publicou um poema meu chamado "As Cobras", o que me deixou muito feliz, mas continuo com a pergunta do Macau na cabeça: será que vale a pena ser poeta? A revista *Rock & Folk* saiu com uma crítica de página inteira sobre o disco *Minas*, do Nascimento. Que sacada, hein? Juntar "MI" de Milton E "NAS" de Nascimento. Você já escutou? Nada mais Belo Horizonte, é muito lindo. Descobrimos a delícia que é cogumelo, e nossa paixão agora é preparar com manteiga e cebola. Eles são vendidos crus, e não como os importados em conserva que vendem aí. Misturamos com arroz e fica muito bom. Descobrimos também o broto de soja, que se pode comer como salada ou refogado (ou afogado, como se diz aí em Minas). Daqui a pouco vamos ver *Salò* ou os *120 Dias de Sodoma*, o último filme do Pasolini, que está proibido na Itália. Mande recortes do Millôr pra gente. Morro de saudade.

Paris, 31/5/1976

A revista *Escrita* chegou com o poema "As Cobras". Será que vale a pena ser poeta?

iracema

Ficamos preocupados com a notícia do depósito de 12 mil cruzeiros. Que idéia é essa desse governo cafajeste de fazer com que cada brasileiro que deixe o país deposite 12 mil cruzeiros no Banco do Brasil? Fomos ver *Iracema*, de Jorge Bodansky. Achei bacana o Bodansky gravar várias cenas sem que as pessoas soubessem. Só tem um ator principal, o Paulo César Pereio, que está ótimo no filme como Tião Brasil Grande. É a história de uma moça (interpretada por Edna de Cássia) que vivia num barco com a família. Passava o tempo ouvindo o rádio falar do Brasil Grande e do milagre. Um dia chega a Belém e vira prostituta. Você não pode imaginar a saudade que sentimos do Brasil ao ver o filme, uma saudade de garrafa térmica, de chão batido de terra. Recebi a revista *Anima*, bem carioca. Gosto cada vez mais da poesia dessa turma do Nuvem Cigana.

Paris, 12/6/1976

Um filme proibido, uma revista marginal e cada vez mais caro sair do Brasil.

opinião

Fiquei triste ao ler esta semana no *Opinião* a carta do redator-chefe, Argemiro Ferreira, pedindo demissão. "Estou de saco cheio da censura!", disse ele. O tema da minha tese na universidade vai ser "Dez anos de censura de imprensa no Brasil, o caso *Opinião*". Estou animado com a idéia, mas muito desanimado com o nosso país. É de doer! Fui ver *Passe Livre,* sobre a história do Afonsinho, que é muito legal. Fiquei triste com a morte do Hermilo Borba Filho, um cara de quem gostava muito. Li recentemente uma entrevista em que brincava com a morte. Morreu um amigo dele e a mulher do Hermilo perguntou: "Você não vai ao enterro?" E ele: "Eu não. Tenho certeza que quando eu morrer ele não vai ao meu!" Achei engraçada a foto que vi numa publicidade que saiu na revista *Pop* que Marco mandou: "Liberdade é uma calça velha, azul e desbotada". No auge da ditadura me vem a USTop com essa. É de doer!

Paris, 22/6/1976

ficção

Adoramos as fotos. Aquela Variant marrom é sua? Agradeço muito a página do *Suplemento Literário do Minas Gerais*. Eu não sabia que tinham publicado o poema "Musgo". Hoje soube que o jornal *Totem* vai publicar um conto meu, estão pedindo até uma foto. A revista *Ficção* vai publicar outro, chamado "Fotografia". Pedi o regulamento completo do Chinaglia porque acho que, pra concorrer, o livro tem de ser todo inédito. Não deixe de ler o depoimento do Murilo Carvalho que está no número 4 do jornal *Versus*. Ontem jantamos com tio Afonso e ele disse que eu vou ficar encantado com o crescimento de Belo Horizonte. Prédios enormes, muitos automóveis nas ruas, novas avenidas e fábricas. Eu ouvia aquilo tudo e continuava mastigando lentamente um bombom Garoto que tia Celinha me deu de presente. Li uma entrevista com o Caetano Veloso em que ele diz o seguinte: "O Brasil está virando São Paulo!" Será que foi no bom ou no mau sentido?

Paris, 6/7/1976

A vontade de publicar um desabafo realista numa revista chamada *Ficção*.

o último deus

    Caiu aqui nas minhas mãos o livro *A Festa*, do Ivan Angelo. Tinha visto que ele ficou várias semanas na lista dos mais vendidos da *Veja*. É muito bom, um livro de contos e ao mesmo tempo um romance. O Ivan Angelo é mineiro e a história se passa em Belo Horizonte, nos anos 60. Quando cheguei na página 112 encontrei lá uma tal "Farmácia e Drogaria Nossa Senhora do Carmo", na rua Grão-Mogol. Quando passar por lá me confirme se é a farmácia do Hormínio. A *Nouvel Observateur* saiu com uma capa linda. Um Mao andando pelas montanhas ainda jovem e a manchete: "O último Deus". Adorei a notícia de que a Abril vai relançar a *História da Música Popular Brasileira* em setembro. Se não for a mesma coleção que tenho aí vou pedir a dona Dora para ir comprando. Pelo que soube, atualizaram a primeira edição e a numeração não é a mesma. O número 1 da minha coleção é Noel Rosa e o da nova é Chico Buarque. Foi com essa coleção que aprendi a gostar dos bambas da MPB. Fomos ver *Face a Face*, do Bergman, um filme que é a cara dele. Fomos ver também *Les Hommes du Président*, sobre o caso Watergate. Tem um que não quero perder: *Une Minute d'Obscurité ne Vous Aveugle Pas* (Um minuto de escuridão não te cega), um documentário feito no Chile às escondidas. As sementes de couve que chegaram aqui pegaram todas. Será que alguém imagina que tem couve brasileira plantada no quarto andar de um edifício perto da Bastilha?

    Paris, 20/9/1976

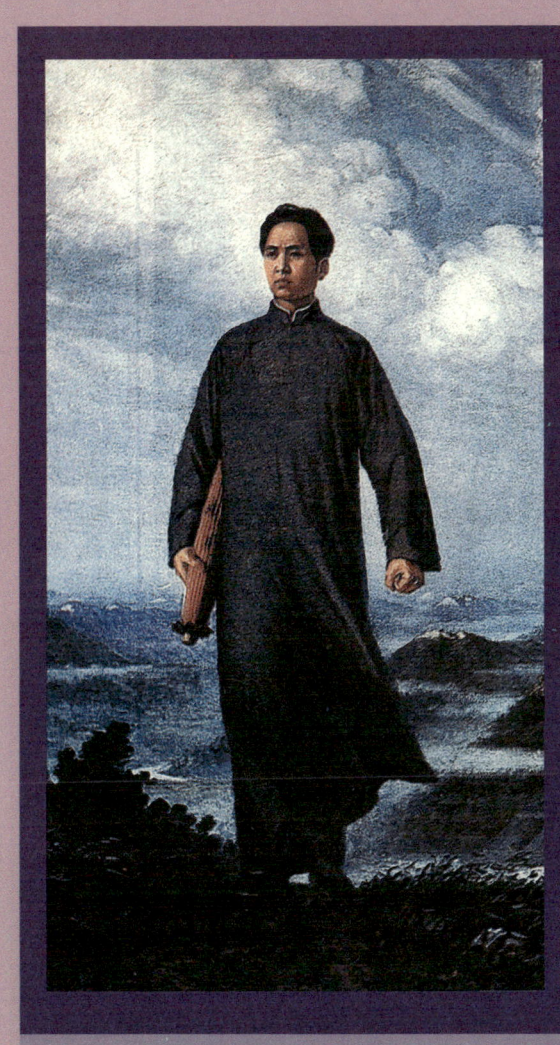

Mao nas nuvens: o último Deus.

■ 26 poetas hoje

    Sonhei que estava na rua da Bahia procurando a loja Floriano Nogueira da Gama e não achava. Você se lembra quando o velho só comprava eletrodomésticos na Floriano Nogueira da Gama? Nunca me esqueço daquele liquidificador cromado de último tipo que comprou no Natal. Pagou os olhos da cara por ele. Caiu nas minhas mãos um livro de novos poetas organizado pela Heloisa Buarque de Holanda. Chama-se *26 Poetas Hoje*. Topei com um poema de Antônio Carlos de Brito que é ótimo:

    "Minha terra tem palmeiras
Onde canta o tico-tico
Enquanto isso o sabiá
Vive comendo o meu fubá
Ficou moderno o Brasil
Ficou moderno o milagre
A água já não vira vinho
Vira direto vinagre".

    Você está sabendo que nasceu em Londres o Christopher Belchior Goulart, filho do João Vicente Goulart e da Estela? É o primeiro neto do Jango.

    Paris, 16/10/1976

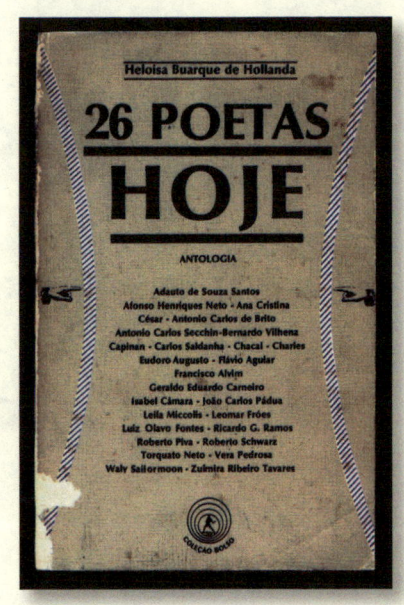

aspirina

Você não pode imaginar como a aspirina du Rhône é tiro e queda. Quando tenho dor de cabeça tomo uma com uma caneca de chocolate quente e pronto, segundos depois a dor desapareceu. Você pergunta sobre minhas cadeiras: tenho Sociologia, Tecnologia da Informação, Imprensa Estrangeira, Economia, Direito, História da Informação. É muito teórico o curso. Outro dia o meu professor Pierre Albert comentou que tinha "um grande amigo no Brasil, monsieur Victor Civita", para contar a dificuldade que a Abril tem de distribuir a *Veja* para o país inteiro. Estou te mandando um recorte da *Nouvel Obs* sobre o cineasta brasileiro Paulo Antônio Paranaguá, que está desaparecido na Argentina. Estava tomando banho com o radinho de pilha no banheiro quando tocou *Tico-Tico no Fubá* com Charlie Parker. É preciso ter nervos de aço numa hora dessas.
Paris, 30/10/1976

pelo telefone

Quinta-feira passada descobrimos um telefone pifado bem aqui pertinho de casa e ligamos pros velhos. Fomos pra lá à meia-noite e conseguimos, mas o telefone estava muito frágil. A gente tinha de colocar um papelzinho no gancho e pronto, não precisa pôr moedas. O problema é que quando o papelzinho se soltava a ligação caía. Falei com Vera e a velha também. Quanta emoção! Tenho perambulado muito pelos sebos e encontrado as coisas mais exóticas possíveis. Domingo passado fomos na Shakespeare and Company e compramos um livro que é demais, chamado *Construire*

avec le Peuple. É uma experiência underground realmente apaixonante que um arquiteto fez no Oriente. Fiquei sabendo que uma tal de Maria Auxiliadora, líder estudantil em 1968 que estava vivendo em Berlim, suicidou-se atirando-se na frente de um trem do metrô. Recebi mais uma *IstoÉ* do Mino Carta e achei boba a reportagem de capa: "Por que as novelas da Globo terminam mal?"
Paris, 16/11/1976

zero

Uma greve geral parou o metrô daqui, estamos a pé. O *Monde* saiu com uma grande reportagem sobre o Brasil: "Não existe censura para as elites". Falam do show da Mercedes Sosa que foi proibido para os estudantes da Universidade Federal do Rio de Janeiro e liberado para uma boate cujo ingresso era 300 cruzeiros. Fiquei horrorizado com a proibição do livro *Zero*, do Ignácio de Loyola Brandão. O livro é ótimo e agora é mais um censurado que está aqui na nossa estante.
Paris, 14/12/1976

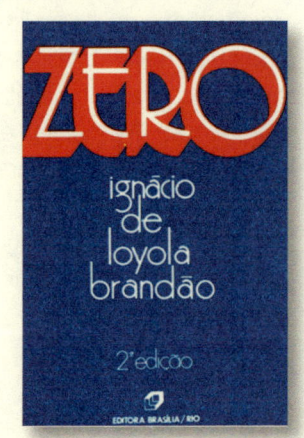

feliz ano novo

Mais um, né? A proibição do *Feliz Ano Novo* me pegou de surpresa. Essas notícias só me deixam triste e muito desanimado com esse país. Tenho certeza que vão proibir o trabalho que mandei pro quinto número da *Inéditos*. Fiz um desabafo e mandei pro *Totem*, que também não sei se sai. O *Suplemento Literário do Minas Gerais* publicou o poema "Tangerina", você viu? Estou pensando em reunir novos poemas num livro chamado Ossos da Lua. Quando li a notícia da gasolina achei que era brincadeira, só depois saquei que era verdade. Um engenheiro que mora em Roma nos ensinou um método para ligar de graça para o Brasil. A gente encosta um fio de cobre no fio do telefone e pimba: ele corta a ligação com o aparelhinho que pede a moeda. Ele explicou que se o contato for bem feito a ligação dura o tempo que a gente quiser. Recebi aqui uma revista espetacular: *Extra, Realidade Brasileira*. O Mário Garcia de Paiva me enviou o novo livro dele, *Dois Cavalos num Fuscazul*. Li e gostei. Maria de Lourdes pediu para que eu pensasse num cartaz para a biblioteca do Colégio Pitágoras e eu pensei o seguinte: um cartaz todo preto escrito "Leia hoje o livro que poderá ser proibido amanhã!" Será que passa?

Paris, 17/1/1977

tanto mar

Fizemos uma entrevista com o Manduka, um músico brasileiro exilado, parceiro de Geraldo Vandré na música *Pátria Amada Idolatrada Salve Salve*. Ele é filho do poeta Thiago de Mello. Um amigo meu português mandou um compacto simples do Chico com a música *Tanto Mar* cantada:

"Sei que estás em festa, pá
Fico contente.
Enquanto estou ausente
Guarda um cravo para mim.
Eu queria estar na festa, pá
Com tua gente
E colher pessoalmente
Uma flor do teu jardim".

Os discos de Portugal são em 45 rotações, tem horas que acho que a radiola vai levantar vôo. Chegou o disco *Geraes*. Já percebeu que o Milton tem lançado um *Sgt. Peppers* todo ano? Estão anunciando pro dia 28 o lançamento de um novo jornal diário: *Le Matin de Paris*. Aguardemos.

Paris, 8/2/1977

yes, mister!

Ontem tentamos ligar pra você com um fio de cobre mais grosso, mas não sei o que aconteceu. Ligamos e atendeu um cara: *"Yes, mister!"* Não entendi nada, achei que já estavam falando inglês no Brasil e eu não sabia. Perguntei de onde falava, e ele:

"United States!" Aí é que não entendi nada mesmo. Será que trocamos alguns números ou o cobre só funciona pros States? Coloquei na radiola um disco que comprei na semana passada, um Milton lançado nos States. A capa é uma foto feita pelo Cafi e tem três músicas inéditas: *Chamada, Francisco* e *Raça*, que abre o disco. Domingo passado descobrimos couve pra vender na feira da rue Mouffetard. Foi uma alegria, já que as nossas murcharam todas. Estou pensando em fazer um tutu à mineira. No lugar da lingüicinha de porco a gente frita *merguez*, uma lingüiça árabe deliciosa. Hummmm...

Paris, 22/2/1977

olhai bem as montanhas!

Ontem fiz uma entrevista com o Manfredo de Souza, aquele artista mineiro que inventou o slogan "Olhai bem as Montanhas!" Vou mandar pro jornal *Estado de Minas*. Ele está morando aqui há um ano e meio e com uma exposição na Cité des Arts. É um cara muito bacana. Enquanto isso as montanhas de Minas continuam sendo engolidas. Estamos preparando uma entrevista com o físico brasileiro Roberto Salmeron, responsável pelas pesquisas do Instituto

Politécnico. Exilado! Vamos mandar pro *Movimento*. Soube que nossa entrevista com o Boal foi totalmente censurada, é de doer o coração. Pediram pra gente refazer, mas não sei se dá pra refazer, como vamos mudar as palavras do Boal? Jamais! O *Le Matin* de Paris foi lançado com o maior sucesso, o número 1 esgotou-se em horas. Recebi a fita K7 gravada na noite de Natal e choramos. Que bagunça, hein?
Paris, 5/3/1977

o herdeiro

A gente quase não dormiu essa noite. Acordamos cedo, tomamos banho e eu fiquei ouvindo as últimas notícias no radinho de pilhas. Fomos pra maternidade de Lilas e ficamos esperando numa salinha, cheia de barrigudinhas. Não deu outra: positivo! Vamos ganhar um filhinho ou uma filhinha. Estamos aqui numa alegria muito grande, imaginando se vai ser homem ou mulher. Já coloquei várias vezes o ouvido na barriga, mas nada. Começamos a revirar nossa casa de cabeça pra baixo. Vamos reservar o único quartinho para ele ou ela. O médico disse que deve nascer nos primeiros dias de novembro, vai ser escorpião. Já escolhemos a maternidade, a de Lilas, onde o doutor Frédérick Leboyer fez suas primeiras experiências de parto sem dor, sem violência. O bebê nasce e nada de dar tapinha na bunda pra ele chorar – colocam na barriga da mãe ainda com o cordão umbilical. Aos pouquinhos ele vai acordando e sentindo o cheiro da mãe, reconhecendo o ambiente, e aí vai pro banho. Quem dá o banho é o pai (no caso, eu!), com a parteira sempre ao lado. Coloquei a música *Alvorada* pro bebê escutar. Quero muito que quando crescer goste de Cartola e Carlos Cachaça.
Paris, 21/3/1977

sem opinião!

O *Monde* trouxe duas notícias ruins daí. A primeira foi o fechamento do Congresso ("Férias para a democracia brasileira"). A outra foi o fim do *Opinião* ("A morte de um jornal"). É muito triste saber que o *Opinião* não vai mais sair porque era nosso companheiro semanal desde que chegamos. Confesso que estou com vontade de chorar em cima dessa pilha de jornais guardados um a um, semana após semana. Acompanhei de perto a luta do jornal massacrado pela censura e agora te esconjuro, Armando Falcão! Fiquei grilado com a notícia do Glauber Rocha filmando o enterro do Di Cavalcanti. Estão anunciando o quinto número da *Extra, Realidade Brasileira*. Será que sai?
Paris, 5/4/1977

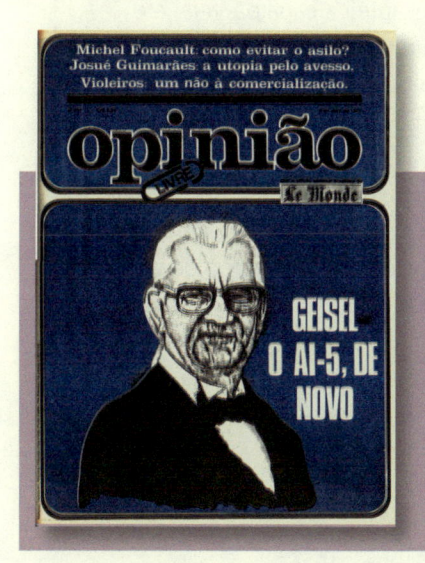

O último número do jornal *Opinião* chega a Paris com um carimbo: Livre!

exilados anônimos

O jornal *Rouge* publicou na edição do dia do aniversário do golpe militar poemas de brasileiros exilados, todos anônimos. Um diz assim:

"Enquanto isso amaremos
Amaremos nas prisões atuais, mesmo longínquas...
Amaremos nas lembranças, mesmo distantes
Amaremos na terra, mesmo superada
Amaremos no campo, mesmo que em chamas
Amaremos no rio, mesmo que seco
Amaremos nas cartas, mesmo censuradas".

Braguinha, Emilinha e Blecaute na capa da *Veja*, é o máximo. Chegou pelo correio a revista *Fradim*. Adoro o Baixim e o bode Orelana. Voltei pra contar que a censura cortou o final da reportagem que fiz com o Aureliano sobre o congresso das feministas latino-americanas. No lugar de "a revolução na América Latina certamente sairá da mulher" saiu "leia, assine e divulgue *Movimento* em defesa das liberdades democráticas, da independência nacional e da elevação do padrão de vida dos trabalhadores". Estou lendo um livro contundente: *Memórias do Exílio*, editado em Portugal. Tem depoimento de Marcio Moreira Alves, José Maria Rabelo, Maria Auxiliadora Barcelos (que se suicidou no metrô de Berlim), do Francisco Julião, que está morando no México, e mais uma pá de gente.

Paris, 16/4/1977

de fato

Soube que saiu no jornal *De Fato* um trabalho meu: "Gente fina é outra coisa". Recebo vários jornais nanicos em que o meu nome está no expediente: "Correpondente em Paris". Não tenho a menor idéia de quem são as pessoas que fazem muitos jornais. Consegui pra você um exemplar do livro *Zero* editado em Portugal, que vou tentar mandar camuflado pelo correio. Comprei o disco *Dança das Cabeças*, do Gismonti, que foi gravado na Noruega! Saiu aí?

Paris, 12/5/1977

3 · LIBR

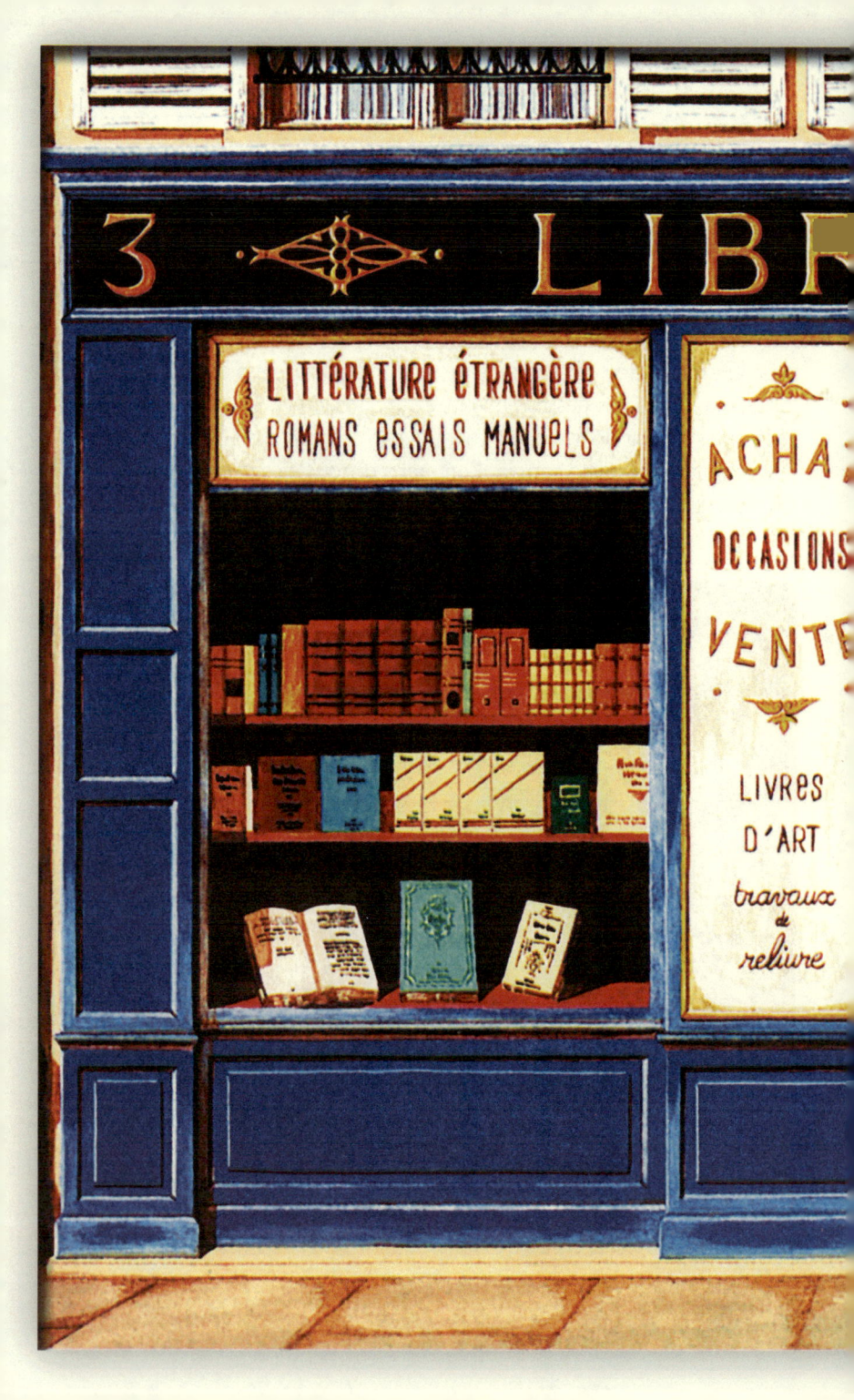

LITTÉRATURE ÉTRANGÈRE
ROMANS ESSAIS MANUELS

ACHA
OCCASIONS
VENTE

LIVRES
D'ART

*travaux
de
reliure*

Como pode alguém passar dias e mais dias em Paris procurando nos sebos o significado da palavra *turbot*?

o marxismo-leninismo

A matéria que o Aureliano fez pra *Veja* saiu. Acabei dando uma mão pra ele, já que tinha muito material aqui em casa. Lá em São Paulo, a *Veja* cortou o trecho em que o Zé Celso dizia "a gente tentou fazer um filme dentro da linha marxista-leninista". Isso não saiu. Paulo Augusto me mandou os dois últimos livros do Loyola: *Dentes ao Sol* e *Cadeiras Proibidas*. Já li o *Cadeiras*, que tem um conto ótimo – "O Homem que telefonou para ele mesmo". Começa assim: "Discou o próprio número. Uma, duas vezes. Será que não estou?" Comprei o álbum duplo com a ópera rock *Evita*. Foi escrita pelos mesmos caras que fizeram *Jesus Cristo Superstar*. Um show!

Paris, 2/6/1977

o movimento estudantil

Chegou a *IstoÉ* com os estudantes na capa, que ótimo, adorei a foto. A matéria do Nirlando Beirão com o Glauber Rocha mexeu com a gente. Será que o Brasil está mudando? É incrível como a *IstoÉ* está mais política que a *Veja*. É mais pobre, mas tem mais conteúdo. A *IstoÉ* foi postada por via marítima e veio aérea. Acho que o macete é encher de selos, eles acham que é aérea. O Aureliano Biancarelli continua comigo no *Movimento*. Ele vai substituir o Pedro Cavalcanti na *Veja* durante as suas férias de um mês. Estamos com muitos planos. Será que já chegou aí em Belo Horizonte o livro *Alegria Alegria* do Caetano? É de uma editora chamada Pedra Q Ronca. Eu li uma entrevista dele dizendo que o novo disco vai se chamar *Bicho* e só tem músicas para dançar. Será que é isso mesmo? Essa semana o Brejnev veio aqui. O pessoal da extrema direita foi para a avenida dos Champs-Élysées e rasgou todas as bandeiras da União Soviética. A loja da Aeroflot está cercada de policiais. O baby vai crescendo. Dá chutes para todos os lados. Grávidos, estamos com um desejo incontrolável: comer paçoca Amor.

    Paris, 25/6/1977

Isto é que é! Os estudantes ocupam a capa da revista dirigida por Mino Carta.

el viejo topo

Chegamos a Barcelona. Os muros da cidade estão todos grafitados. Fiz várias fotos e vou mandar pro *Versus*. As bancas das Ramblas – um calçadão cheio de vida – são fantásticas. Comprei uma revista ótima, *El Viejo Topo*. Na capa: "Los nuevos filósofos", "Tres tesis sobre el Eurocomunismo", "Dossier: dictadura del proletariado", "El arte en una situación de cambio". Vou ver se consigo os números anteriores. Comprei também a *Cambio 16,* que trouxe a tradução da entrevista do Fernando Morais com o Fidel. Depois Valência. Os turistas invadiram a cidade e a gente não encontrou sequer um canto pra dormir. Fomos até Gandia ver se achávamos um lugar principalmente para a barriga descansar, e nada. Apelamos para hotéis, pensões, até no Holiday Inn fomos bater na porta. Tudo lotado. Estávamos tomando um café num bar quando um espanhol ouviu o papo e resolveu nos ajudar. Ele pediu que seguíssemos seu carro porque tinha uma casa e um terreno onde poderíamos armar a barraca. E lá fomos nós mato adentro. Chegamos num lugar muito suspeito, era uma boate esquisita pacas. Havia mesmo um quintal, e lá ficamos até o dia seguinte. Um paraíso. Dormimos ao som de uma discoteca animadíssima. Ana e Adolfo continuaram a viagem até Portugal e nós partimos pra carreira solo. Conseguimos acampar num lugar bem mambembe em Toledo, que apelidamos de Camping Paulo Vanzolini (levanta, sacode a poeira e dá a volta por cima). Agora estamos de volta.

Paris, 24/8/1977

EL VIEJO TOPO

REVISTA MENSUAL **11** AGO. 1977/75 PTAS.

**LOS NUEVOS FILOSOFOS
TRES TESIS SOBRE EL EUROCOMUNISMO
DOSSIER: DICTADURA DEL PROLETARIADO
EL ARTE EN UNA SITUACION DE CAMBIO**

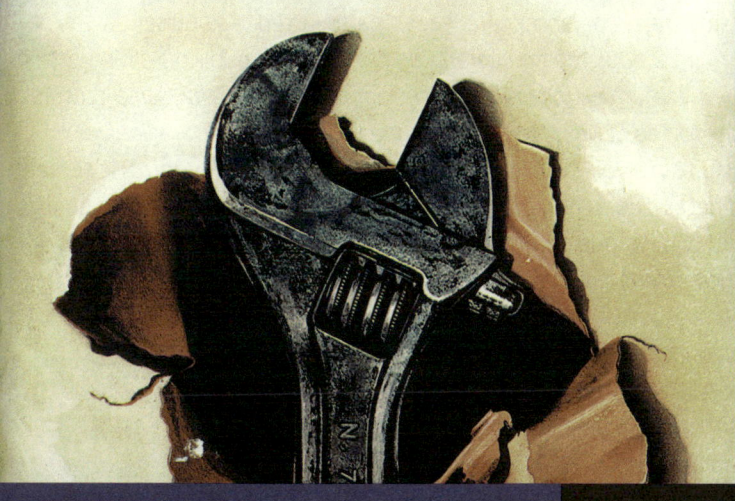

No meio do caminho das Ramblas de Barcelona tinha uma revista chamada *El Viejo Topo*.

trabalhar duas horas por dia

O dia é de sol bonito e a cidade iluminada. O friozinho aos poucos está voltando. Tirei o domingo pra fazer mais um prato da dona Lali: almôndegas com purê. Tenho desenterrado várias receitas dela: bife à caçarola, couve-flor com cenoura e batata, pimentão recheado, só não acerto no rosbife. O bebê agora está durinho, parece que vai sair a qualquer momento. Temos ido sempre à maternidade. Estou me preparando para fazer o parto, acredite se quiser.

O *Suplemento Literário do Minas Gerais* publicou o meu poema "Macaw", mas trocaram "padre" por "sacristão". Será que a censura chegou ao *SLMG*? Vou comprar um livro chamado *Travailler Deux Heures par Jour*. O cara mostra que, se a sociedade produzisse somente o necessário, o homem não precisaria trabalhar mais que duas horas por dia. Pra que abotoaduras? O filme *Dona Flor* continua fazendo sucesso nos cinemas daqui. Na avenida dos Champs-Élysées cartazes enormes mostram o Vadinho de bunda de fora. Quem viu o filme aí e aqui disse que a censura brasileira cortou várias partes, incluindo a bunda de fora do Vadinho no cartaz. De vez em quando as coisas voltam à minha cabeça. Outro dia eu me lembrei da cidade de Formiga. Não me lembrava mais que em Minas Gerais tinha uma cidade chamada Formiga.

Paris, 10/10/1977

supra-sumo

Estamos na maior expectativa, esperando o neném nascer, o que deve acontecer nos próximos quinze dias. A malinha já está pronta ali no canto do corredor. A barriga está um monumento e ainda crescendo sem parar. Aqui na França a mulher fica na maternidade pelo menos cinco dias, é lei. Dona Dora mandou um macacão pra ele/ela num pacote. Veio recheado de caixinhas de Supra-Sumo, que ela sabe que eu adoro. Já fiz as contas: terei Supra-Sumo até o final do ano se chupar meio drops por dia. Quem será que teve essa idéia de juntar limão, vitamina C e folhinhas de hortelã num só drops? Chegou a *Veja* com o Teotônio Vilela na capa. Gostei muito do Millôr: "O povo não está preparado para comer". E do Jorge Amado: "Eu gostaria de estar agora ouvindo o Caribé mentir". É muito baiano. O Pedro Cavalcanti está entrevistando os exilados, inclusive o Wladimir Palmeira, para uma reportagem de capa da *Veja*. Isso é muito bom. Outro dia saiu uma foto do Pelé na primeira página do *L'Humanité*, o jornal do PC.

Estão lançando aqui uma revista de fim de semana que vai se chamar *VSD*, de *vendredi*, *samedi* e *dimanche*. O número 1 do *J'Informe* vendeu 300 mil exemplares. Hoje sonhei com o Brejnev. Ontem foi com dom Pedro Casaldáliga. Por que será que ando sonhando com eles?

Paris, 15/10/1977

∎estatutos
do homem

A cidade está cinza, fria e triste. O inverno tomou o poder e vai ser assim pelos próximos meses. A agulha da nossa radiola quebrou e estamos ouvindo jazz nas ondas curtas de um radinho. Você contou que o Thiago de Mello voltaria no dia 30 de outubro e o *Monde* de ontem deu que ele foi preso ao chegar no Galeão. Vocês estão sabendo de alguma coisa? Pelo visto o pessoal resolveu peitar e voltar para o Brasil, não é mesmo? Ferreira Gullar, Mário Pedrosa e agora o Thiago de Mello. Isso é fruto da revolta estudantil que foi parar na capa das revistas. Não temos planos para voltar pro Brasil, temos sonhos. Sonhamos com o Brasil, com esse país imenso para ser construído, mas ficamos assustados com o que as pessoas escrevem. Ninguém tem tempo para nada, mal e parcamente pra respirar. Eu não quero viver assim. Obrigado pela *Veja* com o Andreas Baader na capa.

Paris, 5/11/1977

Terror à flor da pele. Andreas Baader foi parar na capa da *Veja*.

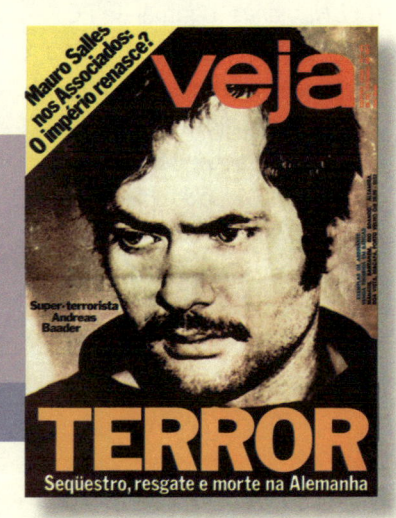

julião!

Estou com as pernas bambas e sem forças para escrever muito. Então vai esse bilhete para dizer que o Julião Villas nasceu! Quero que essa carta chegue logo aí e você espalhe a notícia pela cidade. Julião Villas (aqui não se costuma pôr o sobrenome da mãe) nasceu bem, gordinho e feliz. Está ainda no hospital porque aqui é norma. Eu fiz o parto com a cara e a coragem. Até cortar o umbigo eu cortei. Não deu nada certo a história do Aureliano fazer a matéria. Quando a bolsa rompeu não me lembrei da revista *Veja*, fomos direto pra maternidade. Um parto natural, sem anestesia e sem nada. A parteira fez as fotos e assim que forem reveladas a gente manda. Viva o Julião!
Paris, 6/11/1977

saltimbancos

Nossa emoção não passa. Julião continua sendo o maior barato de todos os momentos. Já está mudado, não tem mais aquela cara amassada de recém-nascido nem os olhinhos inchados. Parece rir e prestar atenção na claridade que entra pela janela. Já fomos duas vezes com ele na pediatra. O difícil é sair com o Julião nesse frio. Hoje cedo, quando abri a janela da sala, caiu uma placa de gelo. Comprei o disco *Saltimbancos* pra ele, foram as primeiras músicas que ouviu. Acho que gostou da bicharada cantando. É lindo o disco, baseado nos *Quatro Cantores de Bremen*. A segunda coisa que ele ouviu foi *Magical Mistery Tour,* dos Beatles. Sofremos muito quando o Julião tomou a primeira picada no pezinho, pra fazer o teste de Guthrie.

Senti na pele a dor. Chegou a *Veja* com o Carlos Drummond na capa. Quem escreveu a matéria foi o Humberto Werneck, aquele amigo nosso que morou aqui, lembra? Foi uma alegria ver o poeta maior na capa da revista. Vamos fazer uma entrevista com o Luiz Travassos, pro *Movimento*. Travassos foi líder estudantil, capa da *Realidade* dos bons tempos. Tenho certeza que vai ser toda podada, mas vamos fazer assim mesmo. Não vejo a hora de receber aqui o fascículo e o disco do Monsueto Menezes que saiu na coleção *MPB* da Abril. Nunca mais ouvi o Caetano cantando *Eu Quero Essa Mulher Assim Mesmo* em ritmo de rock and roll.
    Paris, 29/11/1977

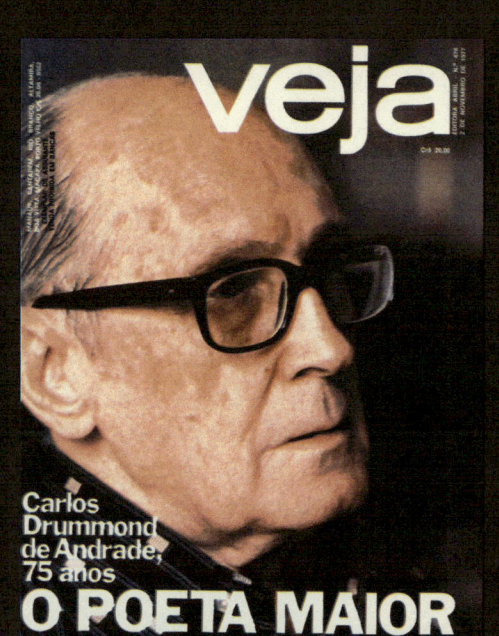

Vale a pena ser poeta. Drummond faz 75 anos e vira notícia. E agora, José?

retrato falado

Cinco quilos e setecentos gramas! Cinqüenta e oito centímetros de comprimento! Esse é o retrato falado do nosso Julião. Fizemos apenas o contato do último filme, agora é que escolheremos algumas para revelar. Veja só como ele está lindo. Depois mando as fotos ampliadas. Semana que vem Julião começa a tomar suco de legumes e a comer maçã, pêra e banana amassada. Passamos o dia 25 na casa de uns baianos amigos, sem muita animação e com muita nostalgia. Cantamos músicas antigas, bebemos vinho e comemos um arroz de forno bem gostoso. Chegou o Monsueto da coleção Abril. O cara é um gênio. O cara que compôs *Mora na Filosofia* só pode ser um gênio: "Botei na peneira e você não passou!" Lembra do jornal *J'Informe*? Morreu!
Paris, 5/1/1978

carcará

O Neco trouxe um monte de discos e o melhor deles é *Meus Amigos São um Barato*, da Nara Leão. O velho me mandou o do João do Vale da coleção *MPB* da Abril, mas você não vai acreditar. O disco que veio dentro do fascículo é o do Edu Lobo – e olha que o fascículo estava lacrado, foi erro mesmo. Dá pra comprar outro e mandar? Será que vai sair o Vandré? Fique esperto porque o Vandré da primeira edição chegou às bancas e no dia seguinte a polícia apreendeu. Continue me mandando os papeizinhos cor-de-rosa dizendo qual será o próximo. Estou quase terminando a minha tese sobre o jornal *Opinião*. O meu sonho é um dia ver tudo

Une anthologie
du Nouveau Journalisme
recueillie par Paul Scanlon

Rolling Stone

Off

Editions Henri Veyrier

organizadinho na minha casa brasileira, meus livros e discos em estantes sólidas, a minha coleção do *Le Monde*, tudo separado por assuntos. Fico pensando se a minha coleção encadernada da *Realidade* que está na casa da rua Rio Verde sobreviveu todo esse tempo, a todas as chuvas e trovoadas. A *Enciclopédia Bloch*, o *Grilo*, o *Jornalivro*, o *Bondinho*, a *Senhor*, a *Rolling Stone* brasileira. As caixinhas de Supra-Sumo que imaginei fossem durar até o final do ano atravessaram o Réveillon e todo o mês de janeiro. Chupo um quarto de drops por dia, de segunda a sábado. O José Marcio Penido, um dos editores da *Veja*, escreveu para o Aureliano Biancarelli dizendo que está cheio da vida real, quer abandonar o jornalismo e virar escritor, dar asas à imaginação.
 Paris, 20/2/1978

like a rolling stone

 Caíram as vendas do *Movimento*. Esta semana vendemos apenas 45 exemplares. A partir de segunda-feira começamos a vender também na cafeteria da Casa do Brasil. O que será que está acontecendo? Os brasileiros estão voltando? Nossa luta para derrubar essa ditadura está se esvaziando? Acho que nunca contei isso pra você. Cheguei aqui decidido a não cortar o cabelo enquanto durasse o regime militar. A promessa durou até o dia 6 de novembro de 1977, quando nasceu o Julião. Não dava mais, o meu cabelo estava todo quebrado, um trapo, e minha juba parecia de leão. O Julião comeu carne e gema de ovo pela primeira vez. Ontem fomos passear com ele no boulevard Saint-Michel e compramos um livro maravilhoso na livraria Autrement Dit. Chama-se *Rolling Stone*. É uma antologia dos melhores artigos que já saíram no jornal americano. Esse tablóide foi o precursor do "new journalism". Estou escrevendo um poema chamado "Helena" que vai ser incluído no longa-metragem que Paulo Augusto está rodando, o Idolatrada. Pra terminar: quem ganhou o campeonato, o Galo ou o São Paulo? Adorei a música *A Filha da Chiquita Bacana*, do Caetano. O Aureliano acaba de chegar com a notícia: um funcionário da Casa do Brasil proibiu a venda do *Movimento* na cafeteria.

Paris, 4/3/1978

lovistori

A reportagem especial que fizemos para o *Movimento* deu mais de 200 páginas datilografadas. Hoje fomos na Varig mandar o pacote por malote e ficamos entusiasmados. Foram dezoito depoimentos, cinco artigos, além de muitos documentos e fotos. Trabalhamos eu, Aureliano e mais seis jornalistas, todas mulheres. Foi muito importante entrevistar os exilados que moram aqui. Muitos foram trocados por embaixadores e cada um tomou um rumo na vida, mas continuam ligados à luta para acabar com a ditadura militar. Vi o jogo Brasil e França pela televisão. Um fiasco, né? Gostaria muito de saber se a TV aí mostrou uma faixa imensa estendida na arquibancada: "Abaixo a ditadura! Salve a seleção!" A TV daqui mostrava a faixa toda hora, e para nós era como se fosse um gol de placa. Vibrávamos! Fomos a um debate sobre a situação do Brasil na Fnac, uma livraria gigantesca que tem na rue de Rennes. Você acredita que a correspondente da *IstoÉ* levantou para dizer que não existe mais censura prévia no Brasil? O pau quase comeu. Ela disse que os últimos que tinham censura prévia eram *O Globo, JB* e a *IstoÉ*. Escrevemos uma carta furiosa pro Mino Carta em protesto e mandamos uma notinha para a coluna Palavras, do *Movimento*, que a censura vai cortar, claro. Marco contou que o *Versus* publicou um conto meu chamado "Lovistori". Eles devem estar sem dinheiro porque não me mandaram o jornal este mês. O relatório das reportagens censuradas do *Movimento* chegou esta semana com oito páginas. Chorei ao ouvir a vozinha da Ana Paula dizendo "bate aqui pá mim papá", que veio no K7 que você mandou.

Paris, 6/4/1978

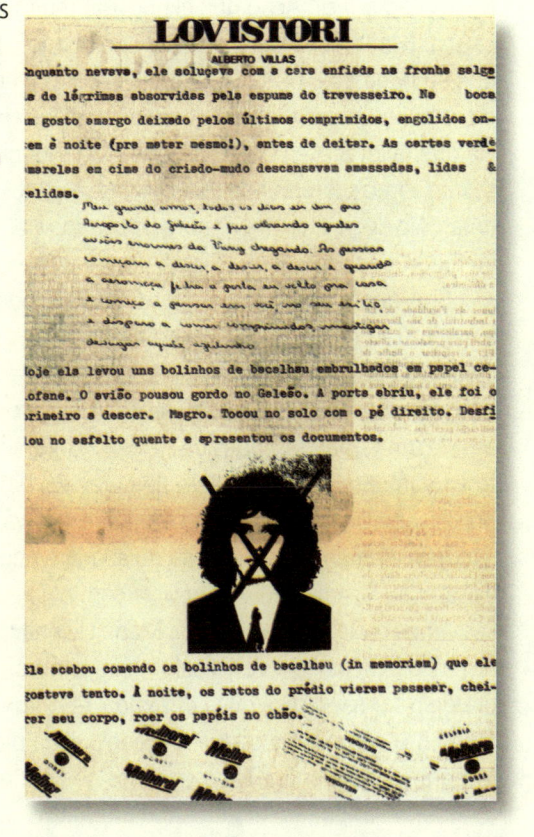

morreu de cachaça!

Impressionante pensar que o velho e dona Dora já vieram e já foram embora. Achei o velho muito velho, foi um susto. Andávamos dois quarteirões e ele queria descansar, mas também 60 anos nas costas não é fácil. Acho que ele gostou muito de Paris, mais de Lisboa. No primeiro dia foi ao supermercado comigo e não deixou que eu pagasse a conta. Continua o mesmo, né? Ficou chocado com o preço das coisas e de ver como as pessoas aqui compram pouco. Ele queria levar um pacote enorme de abobrinhas e eu falei: "Calma, calma, vamos comprar só duas porque elas custam 16 cruzeiros cada uma". No segundo dia já estava se sentindo em casa. Lavou vasilhas de madrugada, preparou o café-da-manhã, ajudou a dar banho no Julião. A gente vê como ele é o mesmo quando coloca a mesa do almoço. Tão direitinho, tudo certinho nos lugares. Acho que ficou assustado porque aqui em casa é um prato de cada cor, de cada tipo, os talheres são todos diferentes, herdados. E os copos, cada um de um tamanho, todos de geléia. Adoramos as coisas que eles trouxeram. Essa mangada tem de durar até o dia em que voltar pro Brasil, sabe Deus quando. Eu não me lembrava mais de mangada, lembrava somente do gosto da goiabada e da marmelada que existem aí. Fizemos uma entrevista com o Caetano para o *Versus*. Passamos o dia com ele. Eu e a Maria Helena Limeira Tejo, filha do histórico Limeira Tejo do jornal *Crítica*, lembra? Tocou violão e cantou pra gente uma música nova chamada *Terra*, que é linda. Ela fala do momento em que ele estava na cadeia e viu pela primeira vez as fotografias do planeta Terra enviadas de uma nave espacial. É muito

linda, tem um pedaço que diz assim: "Então eu mando um abraço pra ti pequenina/Como se eu fosse o velho poeta e fosses a Paraíba". Ele roubou versos da música *Paraíba*, do Luiz Gonzaga, mas foi absolvido por unanimidade. O velho trouxe o novo livrinho infantil do Piroli. Tem uma passagem que amei. "Morreu de quê? De cachaça!"
   Paris, 12/5/1978

cerimônia
do adeus

As pessoas estão morrendo e eu nem sequer me despedindo delas. Agora foi minha vó. De tão longe é difícil imaginar a triste cerimônia do adeus. Nunca vi minha vó doente e bem cedo chega a notícia de que ela morreu. A imagem que tenho de vó Zizinha é a de uma pessoa que andava normalmente, falava, se queixava um pouco da velhice, dava dinheiro escondido para Marco Aurélio e tomava banho com a porta aberta com medo de assombração. Ela acreditava piamente que os mortos voltavam, apareciam assim de repente.

Estou te mandando anexo o cartaz da manifestação em protesto contra a censura de imprensa no Brasil.
   Paris, 24/5/1978

vivam
as mulheres!

Pelo que as cartas nos contam parece que as coisas aí estão mudando aos poucos. Tem horas que dá vontade de ir embora, vontade de chegar aí e lançar um jornal diário do tipo *El País*. Acho que esse jornal é o melhor do mundo. O Aureliano Biancarelli pensa a mesma coisa, quer voltar com algo já engatilhado. Sonho com um tablóide, enxuto, só com o essencial. Aqui acabaram de fechar um que lia todos os dias, o *Quotidien de Paris*. Acordei cedo e liguei meu radinho de pilhas. Argentina 6, Peru 0. É o fim! Confesso sinceramente que não estava torcendo muito pelo Brasil, pois acho que se fatura a Copa quem sai ganhando são os militares. Gostei da nova diagramação da *Veja*, ela mudou a cara exatamente um mês depois que a *Time*. Sou fanático pelas duas páginas do Millôr. O elefante que ele desenhou é maravilhoso. Como eu gostaria de desenhar assim sem a preocupação com o perfeito e o resultado sair mais que perfeito. Aqui temos ótimos humoristas: Sempé, Wolinski, Topor, Reiser. O desenho do Reiser é muito parecido com o do Henfil, meio escrachado. Esta semana saiu um livro dele – *Vive les Femmes* – que é um barato. Mas a grande notícia mesmo é o nascimento da Louise Brown, o primeiro bebê de proveta. Viva a ciência! O Brasil está mudando! Chico Buarque na capa da *Veja* é a glória!!!

Paris, 19/7/1978

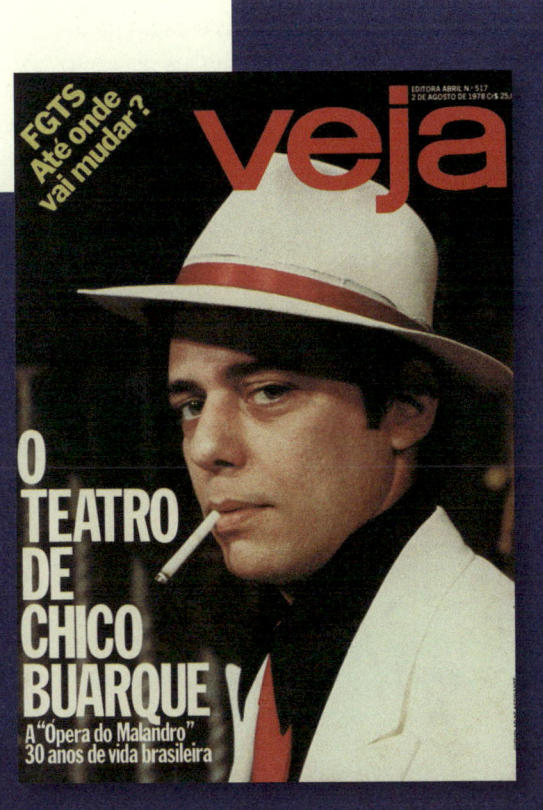

Quando vi Chico Buarque na capa da *Veja* pensei: está na hora de voltar.

viva la nicaragua libre!

Que história a da Nicarágua, hein? Vocês estão acompanhando aí? Um grupo guerrilheiro invadiu e ocupou o Parlamento e tomou o poder. Fora, Somoza! É a vitória da guerrilha! Uma luta árdua para derrubar um regime tirano. O *Le Matin* publicou uma foto enorme do comandante Zero subindo as escadas de um avião e fazendo o sinal da vitória. Que espetáculo! Que dia vamos ver nossos bravos guerrilheiros vencedores? Imagino como os militares brasileiros devem estar tremendo na base. Estou preparando uma nova reportagem para eles sobre os poetas marginais portugueses.

Fomos jantar num restaurante maravilhoso, ainda do tempo da guerra, chamado Chartier. Em suas mesas comuns, é legal ficar ouvindo todas as vozes do mundo, parece uma torre de Babel. Comi um cordeiro com *flageolets*, que é um feijão-verde que tem aqui.

Paris, 27/8/1978

a novidade

"Tchan tchan tchan!!! Estamos esperando outro filho!!! Acredite. Deve nascer em abril, bem no princípio da primavera. Acordamos cedinho e fomos na Maternité des Lilas, aflitos que estávamos. O médico confirmou: vem aí o segundo! Batemos palmas para a mãe, mas não teve nem um vinhozinho para comemorar. Alegria geral e muitos planos na cabeça. O nenenzinho deve estar com um mês, quase dois.
Paris, 1º/9/1978

as fábricas param!

Estou estranhando a alfândega no aeroporto de Orly. Sempre fui buscar o *Movimento* todas as semanas e nunca tive problemas. Agora eles ficam fazendo mil perguntas e folheando o jornal inteiro. Esta semana a manchete de capa era "As fábricas param!" O policial pediu para que eu traduzisse e eu traduzi. Aí ele perguntou: "Por que as fábricas param?" Não sei o que me deu na hora e eu respondi na lata: "Param pra ver os jogos da Copa do Mundo!" O número que trouxe a guerrilha do Araguaia na capa ficou um mês lá para ser liberado.
Paris, 21/9/1978

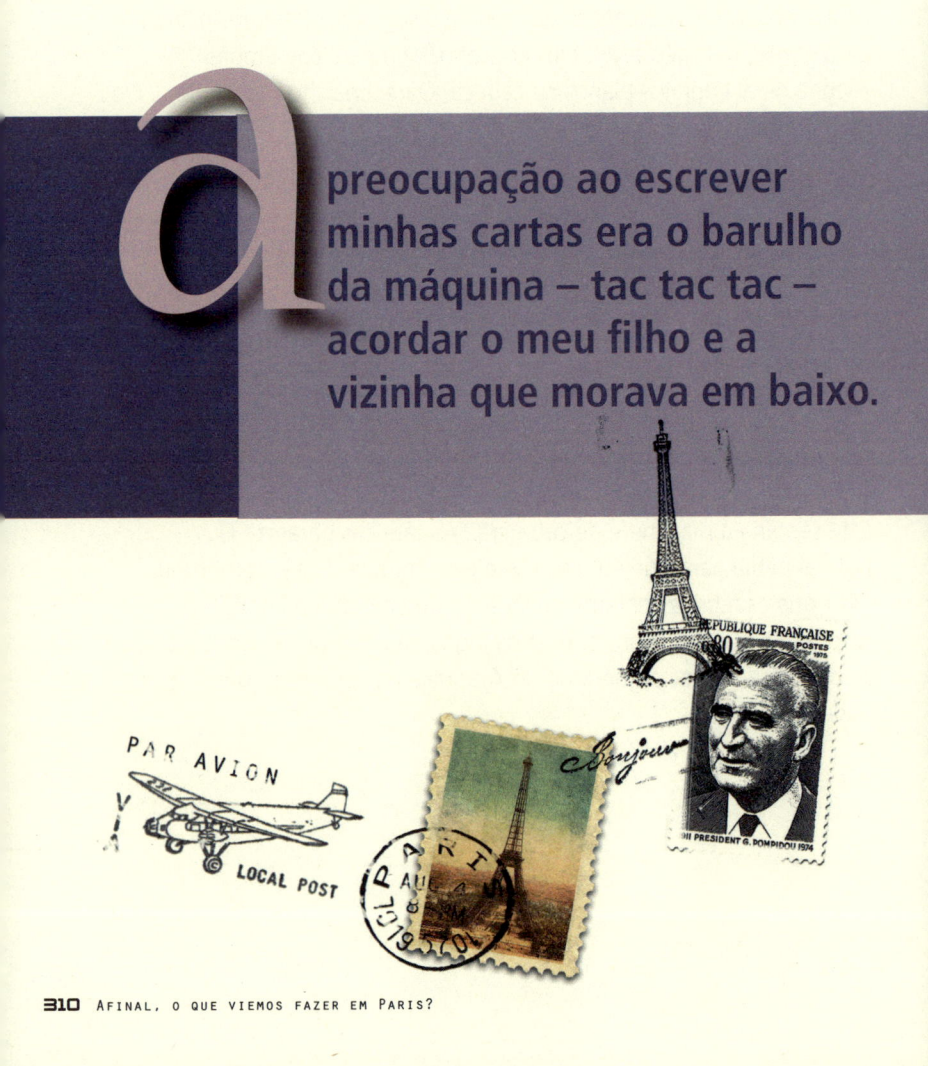

a preocupação ao escrever minhas cartas era o barulho da máquina – tac tac tac – acordar o meu filho e a vizinha que morava em baixo.

CORRESPONDANCE | ADRESSE

CARTE POSTALE

Tous les Pays étrangers n'acceptent pas la Correspondance au recto.
(Se renseigner à la Poste).

CORRESPONDANCE | ADRESSE

os cadernos

Desde o dia em que o Julião nasceu tenho escrito um diário para ele e ainda não falhei um dia. Nesse caderno estou colando várias coisas: a fatura do hospital, fotografias, as cartas de felicitações, alguns recortes de jornais, tudo que faz referência a ele e ao mundo. Tinha pensado em registrar o seu primeiro mês de vida, mas como os cadernos estão ficando tão interessantes vou tocando. Acho que vou continuar até ele completar um ano. Morreu a revista *Pilote*, o último número saiu esta semana. Eles aprovaram uma lei que obriga toda revista de quadrinho a ter 50% de material escrito. O último número da *Pilote* chegou com a capa em branco e a manchete: "Pilote não é mais uma revista".

Recebemos o *Bicho*, do Caetano, que tem aquela música linda para São Paulo que o ouvimos cantar aqui e deveria virar o hino da cidade. Gostei da sacada "é que Narciso acha feio o que não é espelho". Recebemos também o disco do Gil com o Germano Mathias. Engraçado o Gil gravar essa *Antologia do Samba-Choro*.

Paris, 30/9/1978

os últimos dias de paupéria

Com um tempo maior, mergulhei na leitura e estou lendo três livros ao mesmo tempo: *Cuba de Fidel*, do Loyola Brandão, *Os Últimos Dias de Paupéria*, do saudoso Torquato Neto, e *La Vie, Mode d'Emploi*, do Georges Perec. Desde segunda-feira passada a

Varig cortou o malote do *Movimento* sem mais nem menos. Já imaginou o que é mandar pelo correio aéreo todo dia os jornais *Le Monde*, o *Libération*, o *Guardian*, o *Financial Times* e o *Herald Tribune*? Já pensou mandar semanalmente a *Nouvel Observateur*, a *Afrique-Asie*, o *Times Literary Suplement* e o *Nouvelles Littéraires*? Vou colocar no correio junto com esta uma revista *Science & Avenir,* sobre computadores caseiros e vida cotidiana moderna, que pode ser útil para você. Só agora chegou a *IstoÉ* que Marco mandou. Espetacular a capa Abertura X Fechadura. Adorei a entrevista com o Cavaleiro da Esperança e o artigo do García Márquez sobre a Nicarágua. A *IstoÉ* tem animado esse jovem jornalista a voltar para o Brasil. Compramos um cavalinho de pau para o Julião e demos a ele o nome de Figueiredo.

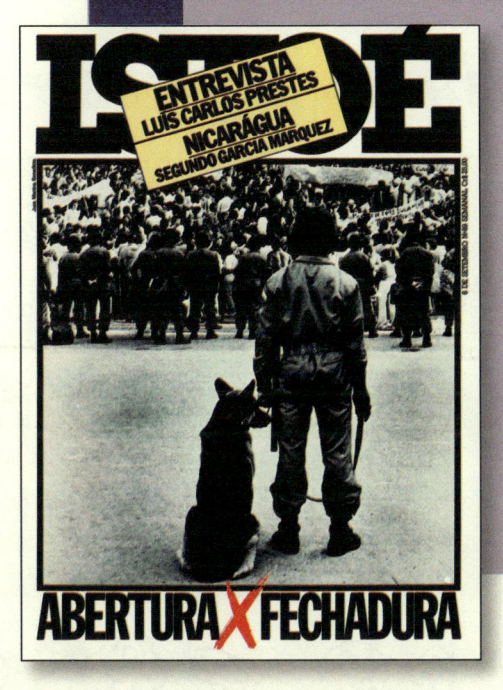

Paris, 25/10/1978

■sem palavras

Chegou a *Veja* com o Herzog na capa. Sem comentários. Acho que o Brasil está no fundo do poço, mas a última esperança é que quando chegamos ao fundo do poço precisamos encontrar um jeito de sair dele, e é o que vamos fazer agora. A morte do Herzog não foi em vão, meu irmão. Passamos uns dias em Londres. Os punks invadiram mesmo todos os cantos da cidade com os seus cabelos azuis, verdes, amarelos e vermelhos. Assisti lá a um espetáculo inesquecível: *Evita*, uma ópera rock escrita pelos mesmos autores de *Jesus Cristo Superstar*, que está em cartaz até hoje. No final aplaudiram durante uns cinco minutos o ator que interpreta o Che Guevara.

Paris, 18/11/1978

Veja! O assassinato de um jornalista acusado de ser comunista pela ditadura militar pode mudar o rumo do país.

EXCLUSIVO
Ted Kennedy e o Brasil
Sadat e Begin: Nobel da Paz

veja

V Pesquisa VEJA/GALLUP na reta final

CASO HERZOG
Uma decisão que muda o país

cesariana

Estamos impressionados com o número de cesarianas no Brasil. Todas as nossas amigas que moram aí estão tendo filhos pelo método cesariana. Quando os médicos daqui vêem que somos brasileiros vão logo dizendo: "Ah, o país das cesarianas!" Nosso segundo baby não vai nascer na maternidade de Lilas, mas na Maternité des Metalurgistes, que adota também o método Leboyer. Íamos entrevistar o Brizola pro *Movimento*, mas ele voou para Portugal, ficou pra quando voltar. Estamos reunindo aqui tudo sobre Cuba, porque o *Movimento* vai sair com um número especial no início do ano. O som em casa é *Babylone by Bus*, do Bob Marley. Adoro reggae. Recebi um disco mineiríssimo: *Como Vai Minha Aldeia*, do Tavinho Moura. A polícia continua vasculhando a gente. Quer saber o que temos no bolso, na bolsa, na carteira e principalmente o que temos na cabeça.

Paris, 29/12/1978

christiania

Estou lendo um livro espetacular sobre a comunidade de Christiania, em Copenhagen. Tem horas que fico pensando se não seria o caso de juntarmos nossos trapos e ir embora para Christiania tentar criar um mundo novo. Por que vamos voltar para o Brasil e entrar no esquema? Por que não vamos para Christiania fazer pão, andar de bicicleta, plantar para comer? Eu quero ir minha gente, eu não sou daqui. Muitas notícias: o Marcos Gomes, editor de Economia do *Movimento*, veio levantar fundos pro jornal crescer. O *Movimento*

GILBERTO GIL

NIGHTINGALE

está no azul, mas precisa de uma injeção de dinheiro para poder explodir. Ele nos prometeu telex e telefone pra nossa sucursal, que, na verdade, funciona aqui em casa e na casa do Biancarelli. Comprei o disco americano do Gil: *Nightingale*! Adoro a música *Sarará Miolo*.
   Paris, 27/1/1979

▮o linguado

Quer saber por que estou pensando em voltar pro Brasil? Hoje tenho um bom motivo, veja só o que chegou aqui nesta casa: *Correio da Estação do Brás,* do Tom Zé, *Respire Fundo*, do Walter Franco, *Robertinho no Passo*, do Robertinho de Recife, *A Ópera do Malandro,* do Chico Buarque e o novo do Paulinho da Viola.

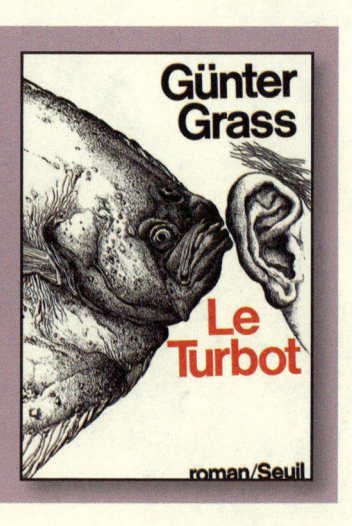

A aflição chega sempre quando no meio de tantas palavras não consigo encontrar a minha, em português. Foi assim quando comecei a ler *Le Turbot,* do Günter Grass. O peixe da capa desenhado pelo próprio Günter Grass me intrigou. Que peixe era aquele cochichando no ouvido de alguém? Na contracapa procurei o nome do título original: *Der Butt*. Aí piorou. Durante muitos dias percorri livrarias e sebos em busca de dicionários e mais dicionários. Qual deles decifraria o enigma daquele peixe feioso com cara de piranha? Foi num sebo no Quartier Latin que decifrei: *turbot* é linguado. Acho que está chegando a hora de voltar para o meu Brasil e comer um linguado.

Paris, 23/2/1979

■já vai tarde!

Compramos um aparelho de slides lindo, Rollei Autofocus. Queríamos comprar havia muito tempo e custou o equivalente a 6 mil cruzeiros. O Julião ficou louco quando ligamos, corria até a parede e começava a beijar as fotos projetadas dizendo "vovó, vovó". Mandei pro *Estado de Minas* a matéria sobre a exposição do Niemeyer no Beaubourg, uma grande exposição. A Sula Tomazini fez as fotos. Esta semana lançaram um jornal lindo chamado *Maintenant*. No primeiro número, um conto do Julio Cortazar. Adorei a *Veja* estampando na capa que o AI-5 já vai tarde.

Paris, 16/3/1979

Uma propaganda do Xarope São João anuncia o fim do AI-5 na capa da *Veja*.

sara!

Que pena que a carta contando tintim por tintim do nascimento da Sara se extraviou. Onde será que ela foi parar? Eu relatava todos os detalhes do parto, que foi natural (oba!), mais uma vez. Nasceu em poucos minutos. Ângela tem razão, o povo libanês é parideiro mesmo! Espero que a carta ainda apareça para você sentir como estamos felizes com a chegada da Sara, a loirinha. Então vamos ao resumo das outras notícias: a morte do Fleury foi muito festejada por aqui.

Estou terminando minha tese e passo na banca examinadora nos próximos dias. Está quase toda datilografada. Fizemos uma longa entrevista com o Luís Carlos Prestes pro *Movimento*. Que personalidade! Vi *Hair* no cinema. O sonho não acabou.

Paris, 29/4/1979

la censure de presse au brésil

Terminei a minha tese "La Censure de Presse au Brésil (1968-1978)". Estou nervoso porque vou defendê-la na sexta que vem. Acho que ficou bem legal. São 270 páginas datilografadas que dão uma idéia geral sobre a barbaridade que foi a censura aí. Assim fecho a tampa do caixão. Os meninos estão um barato. Sara crescendo e engordando sem parar. É uma menina muito linda que já fala "angu", acredite se quiser. Juca passou aqui hoje e ficou encantado com os dois. Desde o dia em que Sara nasceu estou colocando 1 dólar para cada um numa caixinha, uma poupança para eles quando voltarmos para o Brasil. Eu continuo fazendo o diário, agora dos dois. Tom Zé na coleção da Abril é a glória!

Mandamos pro *Movimento* uma matéria sobre os partidos clandestinos que ainda continuam clandestinos: PCB, PCdoB e MR-8. Saravá!

Paris, 19/6/1979

colhendo os frutos

Finalmente consegui o meu diploma. Tirei um peso das minhas costas. Agora é preparar para voltar ao Brasil, depois de tantos anos. O que faço? Volto pra minha aldeia ou caio naquela loucura de São Paulo? Nossa vida alternativa aqui não bate com a vida no Brasil, e esse é nosso maior dilema. Escrevi um poema, acho que o último, já que resolvi não ser mais poeta. Chama-se "Quem é?":

"É uma mulher madura/
Como a amarga fruta/
É uma mulher que jura/
Na incerteza absoluta/
É uma mulher mansa/
Como a força bruta/
É uma mulher que luta/
Quando a bala perfura/
É uma mulher pura como a mistura/
Calma como a loucura/
Minha como tua".

Paris, 12/7/1979

concombre

Estamos começando a comprar tudo que queremos levar. Primeiro foram uns pôsteres lindos e agora são os livros caros que nunca tivemos dinheiro e coragem para encarar. Namorando um som que custa 40 mil aproximadamente. Como estamos a mais de cinco anos no exterior, temos o direito de levar muita coisa sem pagar imposto. Carro, não. Nem queremos. Julião misturando as línguas me angustia um pouco. Para ele, frutas, legumes e bichos só em francês. "Papai quero *concombre*!", diz ele quando quer pepino. Ou ficamos de vez ou vamos embora. Quando você manda essas fotos dos meninos na praia, o meu coração balança, parte. Acho que Julião e Sara precisam um pouco do sol dourado, das coisas do meu país.

Semana que vem vamos entrevistar o João Amazonas, o mito. Ele não dá entrevistas há anos e a nossa está cercada de muito mistério.

Paris, 4/8/1979

jornal da república

A notícia do lançamento do *Jornal da República* nos deixou ansiosos pra caramba. Como eu queria ver a cara dele! Fico impressionado com a coragem do Mino Carta em enfrentar os jornalões daí. Não vai ser fácil. Quando você passar numa banca, compre um pra gente e mande aéreo. Quem sabe não é um bom lugar para trabalhar quando chegar aí? Ontem começamos nossa mudança embalando livros, revistas, cartas, pequenos objetos, emoções, saudade, euforias, tudo. Só de revistas temos mais de duzentos quilos. Vamos despachar de navio em baús de alumínio. Estamos forrando os baús com fraldas de papel, já que aí me disseram que custam os olhos da cara. E ainda por cima elas protegem nossa bagagem. Fui a Londres e vi o show do Public Image

Ltd, a nova banda do Joãozinho Podre dos Sex Pistols. Nunca tinha visto nada igual, um show muito louco. Arrotos no microfone, cuspe na platéia. Os jornais anunciam diariamente a volta dos exilados. Brizola, Arraes, Prestes, Bezerra, Manoel da Conceição. O *Le Monde* deu uma notinha sobre a imbecilidade do Figueiredo, que disse: "Se eu ganhasse o salário mínimo daria um tiro na cuca!" O título da nota era: "Convite ao suicídio".
    Paris, 20/8/1979

carta do leitor

Chegou a *Veja* com o Briza velho de guerra na capa. Que felicidade! Na minha opinião, o próximo presidente do Brasil chama-se Miguel Arraes! Se for o Antônio Carlos Magalhães, aí, sim, eu dou um tiro na cuca. O pessoal do *Movimento* me mandou uns exemplares do *Jornal da República,* que estou devorando. É um jornal muito particular, muito bacana. Não concorre com os gigantes, mas os textos são ótimos, escritos pelos bambas do jornalismo. A carta que mandei pra *Veja* e ela publicou está dando uma polêmica. Todo mundo viu e me escreveu. Alguns saíram em defesa do Millôr. "A frase dele me pareceu carregada de ironia fina, na qual é mestre". Eu não achei graça nenhuma, sinceramente. As mulheres estão ocupando o poder. E bater nelas, no caso, seria um ato desesperado dos machistas. Estou lendo *Solte os Cachorros,* da Adélia Prado. Vou soltar.
    Paris, 22/9/1979

...571), "tortura e tortura", seja de esquer-
... ou de direita. Os que a criticam, nos
EUA, no Brasil e outros países, são antide-
mocráticos.
Luiz Rebouças Torres
São Paulo, SP

Paulo Francis

Repita conosco, seu cabeça de camarão:
Antônio Cândido é santo.
Flávio de Campos
Rio de Janeiro, RJ

Marcuse/Heidegger/Arendt

No artigo sobre a morte de Marcuse
(VEJA n.º 570), Heidegger é uma vez mais
rotulado de "simpático" ao III Reich. Uma
opinião com a qual não compartilho. O fato
de Hannah Arendt — e mais tantos outros
— ter que escapar daquela loucura não deixa espaço para que se acredite que seu mestre, que ficou, seja "qualquer coisa" de afim
com o nazismo.
César Eduardo Siqueira
Vitória, ES

Ponto de Vista

Em "O profeta sem cólera" (VEJA n.º
569), o senhor Roberto Campos deixa bem
claro que o Brasil não gosta de bons profe-
tas. Tanto assim é que o ilustre embaixador
passou quatro anos como ministro e não
copiou nada do "profeta" Gudin.
Antônio Vitorino Linhares
Granja, CE

Figueiredo

Nada adianta o presidente João percorrer as feiras livres, entrar em contato com
o povo, "horrorizar-se" com os preços al-
tos, etc., pois quando regressa ao Planalto
é rodeado pelos gigantes — os usineiros, os
industriais, os representantes das multina-
cionais —, justamente os que estabelecem
nossa ruinosa política econômica.
José Gomes Cardoso

Samuelson

Não é por a gente querer duvidar da re-
conhecida capacidade analítica de Samuel-
son (VEJA n.º 577), mas ele sem dúvida
pensou que as pessoas são todas trouxas e
que ele, sozinho, é o esperto. Em meio a uma
série de bobagens, ele propôs a "teoria" segundo a qual a tendência ascendente dos
preços no sistema se deve ao corpo mole
que as pessoas apresentam nos "empregos
sórdidos", preferindo encostar-se no dinheiro do *welfare state*. Na verdade, a causa de
os preços sempre subirem deve-se aos cons-
tantes desequilíbrios do movimento de capi-
tais através dos diversos setores da economia, tanto nacional como internacional. E
isso é culpa de quem tem o capital, não de
quem vive de salário.
Pedro Scuro
Leeds, Inglaterra

Millôr

Não consegui decifrar o "Eruditado Pro-
vérbio" citado por Millôr Fernandes em
VEJA n.º 565: "Dois corpos igualmente ri-
jos não se ligam para a confecção de sólida
parede divisória de determinado recinto".
A. Cunha
Goiânia, GO

A resposta é: "Duro com duro não faz bom muro".

Millôr Fernandes publicou, em VEJA n.º
567, o seguinte: "Bata em sua mulher hoje
mesmo — amanhã ela pode estar no poder". Gostaria de saber onde está a graça.
Alberto Villas
Paris, França

Zico

Fiquei indignado com a reportagem de
VEJA (n.º 570) sobre o Zico, uma figura
insignificante no atual cenário brasileiro.
Zico é de fato sucessor de Pelé, que nunca
soube usar sua fama em benefício do povo.
A diferença é que o Zico limita-se a fazer

■nina hagen

Compramos um aparelho de som maravilhoso, completo. Radiola, rádio, gravador. Tem amplificador e duas caixas de som espetaculares. Estamos com tudo pronto. Uma mão na frente, outra atrás. Li e reli as revistas *Veja* com o Fidel na capa, a revolta dos peões em Belo Horizonte e a volta de Brizola!!! Coloquei na radiola o disco da banda Odeurs e o Julião veio lá de dentro e disse: "Que música chata!" O *Monde* publicou uma matéria grande sobre a surra que o Figueiredo levou em Florianópolis. Não vejo a hora de ouvir *Cinema Transcendental,* do Caetano. Coloquei na mala dois discos que vão assustar vocês: Nina Hagen Band e Public Image Ltd.

Paris, 3/1/1980

Fidel fala a *Veja!* Brizola volta nos braços do povo! Os peões se revoltam!

a bandeira

Hoje recebi talvez a última carta aqui. Ela diz assim: "Não volte! O Bar Grapette não existe mais, deu lugar a mais um prédio moderno, de pastilhas e muito vidro, desses que o folheto anuncia que terá uma grande área verde e a área verde é uma samambaia na portaria. O Armazém Colombo que você pergunta também não há mais. Está com as portas fechadas. Até o pirulito da praça 7 foi embora. Dizem que vai pra outro canto da cidade. Estamos esperando. Belo Horizonte é a única cidade do mundo em que mudam monumentos do lugar. Já pensou passar pela avenida dos Champs-Élysées e perceber que levaram o Arco do Triunfo para o Châtelet? Já que estão mudando tudo, mudei também a nossa bandeira. A partir de agora ela será assim!"

Paris, 4/1/1980

um pôster

Triste Paris, 9 de janeiro de 1980. Paulo, não sei se terei pique, se terei força para escrever uma carta alegre, uma carta radiante, uma carta jóia. Nossa única alegria é ver esses dois menininhos crescendo e embalar nossos objetos esperando a hora de partir. Já estamos sentindo nossos corpos aí, desapegados daqui, desempregados. Então venho por intermédio desta declarar para os devidos fins que hoje desci em frente à Livraria Portuguesa com um pacotão do jornal *Movimento* nas mãos e fui caminhando até entrar na livraria. Vazia, às moscas, nem uma viva alma. Apenas um último vendedor, que recebeu o pacote e o colocou na prateleira reservada ao *Movimento*. Não havia mais jornais à venda. Quem ainda compra jornal brasileiro em Paris? A livraria estava fria, feia e quase morta. Lembrei-me do tempo da velha Livraria Portuguesa ainda na Gay Lussac, com aquelas pilhas de *Opinião*, de *Veja*, de *Jornal do Brasil* e de *Pasquim* e aquela multidão discutindo o destino da nossa América Latina. Era lá que me encontrava com Haroldo Sabóia e íamos tomar um chocolate quente no café que ficava charmosamente instalado na esquina da Gay Lussac. Era ali que esquentávamos os ânimos e sonhávamos com o nosso país, tão longe. Hoje a livraria está às moscas. Estou sabendo que vai fechar as portas em breve, para sempre, por falta de compradores, por falta de brasileiros exilados em Paris. Saí dali com o coração na mão e voltei pra casa. A gente continua embalando nossos objetos e sonhos, às vezes com pressa, com aquele ar de desconfiança de que seremos os últimos a sair daqui, a apagar a luz do check-in da Varig. Recebi a *Veja*. Valeu pela crítica que José Carlos Capinan fez na seção de cartas dos leitores à entrevista de Jards Macalé. Ainda ouvimos Victor Jara, que roda na vitrola, e lemos

o *Canto Geral,* de Pablo Neruda, que acabei de colocar em um baú de alumínio que vai singrar os mares até chegar à Terra Brasilis. Grato por nos oferecer seu apartamento na rua Prudente de Morais. Devemos ir direto para Belo Horizonte e só depois vamos decidir que rumo tomar. Temos um apartamento prometido para os primeiros dias que fica na rua Espírito Santo e vai certamente quebrar o maior galho. Quero uma chaleira fumegando e uma caixinha de Chá Matte Leão, como no início de tudo. Acredite! Com todos esses chás ingleses maravilhosos daqui, eu ando com saudade do Chá Matte Leão. Queremos muito chegar aí e, sem medo, entrar na nossa casa e trancar a porta. Mesmo que dentro dessa casa tenha apenas um tatame, um pôster do Che na parede ou quem sabe um pôster do Ho Chi Minh.
Paris, 5/1/1980

Anistia no país do Matte Leão.

estou voltando pra casa

Pai, esta é talvez a última carta que escrevo daqui. São 11 horas da noite, e cá estou eu sozinho no único cômodo da casa onde ainda resta um pouco de esperança. São nove baús de alumínio empilhados no canto, esperando o navio chegar. Dentro deles, tudo que restou da nossa vida aqui em Paris nestes anos todos. Voltando nas asas do teco-teco da anistia. As últimas cartas dos amigos não me animam muito, mas mesmo assim estou voltando. Eles falam que terei uma grande decepção, que a única esperança do povo brasileiro continua sendo a loteria esportiva, a federal, a mineira. Tenho recebido muitos recortes de jornais daí. Eles anunciam a volta dos exilados, a esperança de cada um. É essa esperança que levo comigo nos baús de alumínio. Tenho gostado muito do *Coojornal*, queria trabalhar lá. Pai, não volto mais para Minas Gerais, devo ir para a Cidade Maravilhosa ou para a cidade que não pode parar. Volto para continuar a luta, sem o radicalismo que trazia estampado no rosto no início dos anos 70, quando saí daí com aquela juba de leão, aquela calça vermelha e aquele casaco de general, deixando para trás um velho navio, o Brasil de Emílio Garrastazu Médici. Médici ou mude-se! Volto para lutar. Sei que, mais cedo ou mais tarde, vamos juntos enterrar nomes como João Baptista Figueiredo, Ernesto Geisel, Golbery do Couto e Silva, Heitor de Aquino, Ibraim Abi-Ackel e Antônio Carlos Magalhães. Pai, esta é uma carta que escrevo com um nó no peito e muita emoção no coração. Pisar no Brasil novamente vai ser a prova de que realmente é fantástico o show da vida.

Paris, 12/1/1980

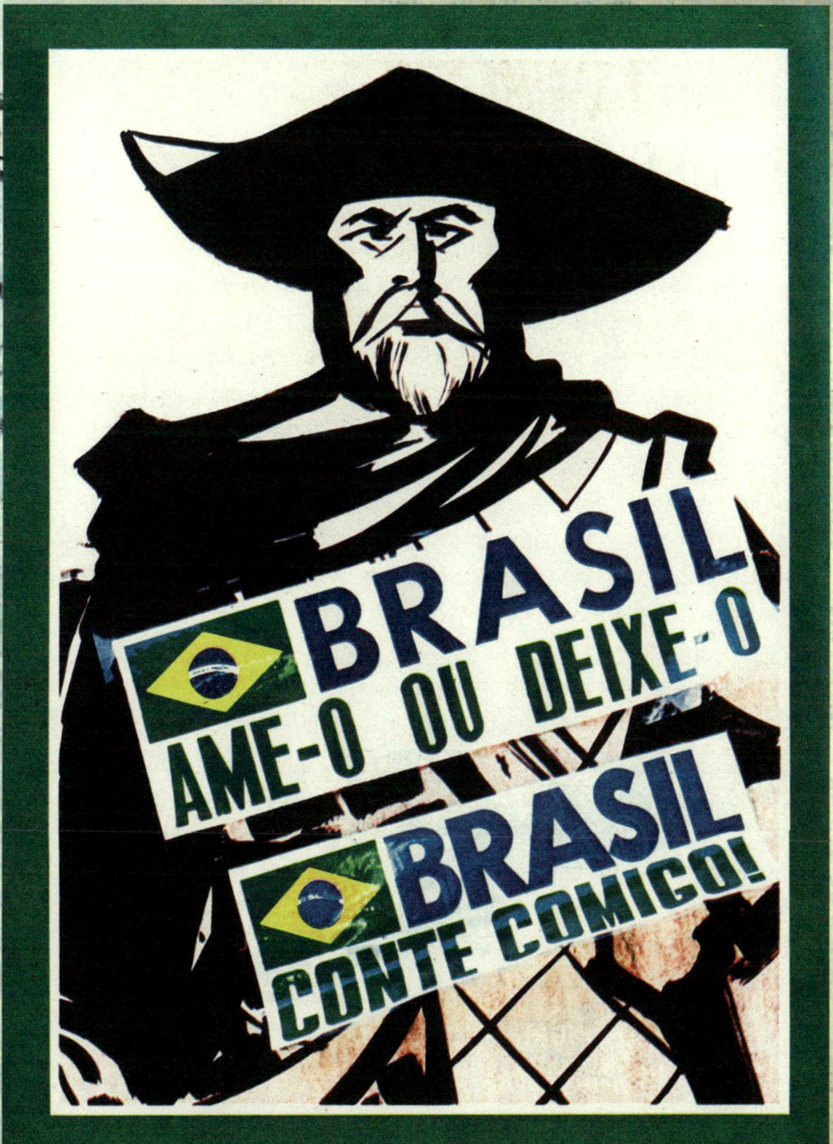

BRASIL
AME-O OU DEIXE-O
BRASIL
CONTE COMIGO!

meu brasil brasileiro

Triste Horizonte, fevereiro de 1980. Meu caro Darci: me arvoro a escrever essas mal traçadas linhas para que nada escape aos meus olhos e reflita imediatamente aí. A terra brasileira é fértil e verdejante, tudo que aqui se planta cresce e floresce. Se eu deixei Paris ao som do *Nunsexmonkrock*, de Nina Hagen, cheguei aqui ouvindo *Cajuína* e me perguntando: "Existirmos, a que será que se destina?" De cara, fiquei com muito medo de atravessar a Prado Júnior. Brasílias, Variantes, Opalas e Polaras passam em alta velocidade e não respeitam os pedestres, que também circulam feito baratas tontas, atravessando fora das faixas destinadas a eles. Não vi Mirinda Morango nas vitrines dos balcões dos bares da Cidade Maravilhosa, mas vi, sim, os chicletes Ping-Pong, que continuam com os sabores tutti frutti e hortelã. As mulheres andam praticamente nuas nas ruas. Saias curtíssimas, mini-shorts e tops minúsculos. No Rio, aqueles cubículos nas esquinas continuam vendendo uma mistura de frutas batida no liquidificador que chamam de vitamina. Não é demais você chegar no balcão de um boteco e pedir uma vitamina? Na Savassi não existe mais o Bar Grapette, no lugar ergueram um arranha-céu. Cheguei a duvidar que ali, naquele lugar, um dia houve o Bar Grapette, onde bebi o meu primeiro conhaque de alcatrão de São João da Barra, minha primeira Brahma Chopp. A Padaria Savassi também não há mais, o Posto Fraternia não há mais. A Savassi é apenas um retrato na parede. Ontem fui ao Mercado Central, uma festa. Vi um carregador comendo jiló à milanesa de tira-gosto (lembra da palavra tira-gosto?) e bebendo uma Malt 90, uma cerveja aguada que só ela. Na capa da *Veja* a Rússia invadindo o Afeganistão. Mas o sonho não acabou. As padarias estão cheias deles e os Sonhos de Valsa ainda são embalados em papel de seda rosa-shocking. Conheci todos os meus sobrinhos de uma só vez. Ainda não sei bem definir quem é quem. Meus filhotes estão deslumbrados com tudo isso, principalmente com a liberdade de andar sem camisa e pés descalços. Eles nunca tinham pisado no chão de cimento de um quintal nem tomado banho de mangueira. Ficam assustados ao ver como as pessoas aqui se abraçam, se beijam. A moda no Brasil é o telefone sem fio. As casas mais grã-finas, todas têm. Caro Darci, cá estou eu no país da bala Chita, da paçoca Amor e do Supra-Sumo. Cá estou eu no país do Guaraná Caçula, do Saci-Pererê, da Bianca e da Sabrina. Cá estou eu no país das novelas, dos biscoitos Piraquê, do lanchinho Mabel e dos bombons Garoto. Cá estou eu no país da Dona Benta, da coleção *Disquinho*, do *Vigilante Rodoviário*. Quando o Carnaval passar vou-me embora para São Paulo. Vou no rabo de um cometa tentar a vida por lá. Conhecer a cidade, procurar emprego. "Aqui na terra estão jogando futebol, tem muito samba, muito choro e rock and roll. Uns dias chove, noutros dias bate sol." Sou apenas mais um desempregado que não vê a hora de sentar numa Remmington e escrever uma grande reportagem, quem sabe um livro chamado "Afinal, o que viemos fazer em Paris?"

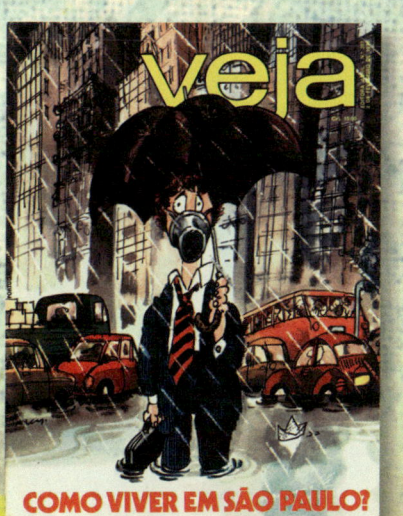

Belo Horizonte, 20/1/1980

pátria amada

Se for para lavar roupa
Nesse quarto quatro por quatro
Lavo

Se for para beber Nescafé
Adoçar com açúcar em pedaço
Adoço

Se for para receber jornais
Com uma semana de atraso
Recebo

Se for para secar cuecas
No calor artificial
Seco

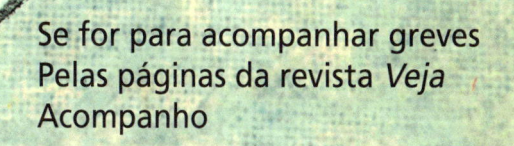

Se for para acompanhar greves
Pelas páginas da revista *Veja*
Acompanho

Se for para ouvir Caymmi
Baixinho por causa do vizinho
Ouço

Se for para guardar a saudade
Num envelope verde-e-amarelo
Guardo

Mas se for para não voltar jamais
Nunca mais te ver
Volto

Alberto Villas/Suplemento Litérario do Minas Gerais, 1979

AMNISTIA

PER UN BRASILE LIBERO E DEMOCRATICO

P.S.: Não poderia colocar um ponto final neste livro sem falar de Pedro Boca, o Pierre Bouche, que no dia em que voltou para o Brasil fez questão de bater na porta da concierge do seu prédio já com a mochila nos ombros para fazer um desabafo: "Je suis venue ici suor vous dire qi vous êtes une vache", no bom português: "Eu vim aqui para dizer que a senhora é uma vaca!"

Giba, que numa madrugada de muito frio pisou em falso na tentativa de entrar num bateau mouche e caiu dentro do Sena. Só apareceu uma hora depois do outro lado do rio, com o corpo coberto de folhas podres, mas com os tamancos suecos nos pés.

Beatriz, que tinha uma dúzia de irmãos, todos começados com a letra B. Por ser uma sem-chuveiro, andava 24 horas por dia por Paris com um kit-banho na bolsa. Por onde passava tomava um banho.

Zé Octávio, que numa tarde de verão abandonou a portaria do Hotel de la Grece, onde trabalhava, ao ver uma passeata contra o regime grego na porta. O dono do hotel chegou, e ele perdeu o emprego na hora.

Zé Antônio, o Zeitona, que no primeiro dia de Paris chegou com um Hollywood na boca fazendo gesto para que alguém o acendesse. Um francês foi logo tirando um isqueiro do bolso, deixando Zeitona todo orgulhoso: "Já estão entendendo o meu francês!"

Bebeto, que arrumou um emprego de madrugada, foi a uma loja de departamentos comprar um despertador e pediu sem titubear: "Je voudrais un despertateur!" A mulher não entendeu que ele queria um réveil, e Bebeto se irritou: "Vous ne parlez pas français, madame?"

Cacá, o Carlos Eduardo Roscoe, era o arquiteto mais calmo do mundo. Procurava emprego com medo de achar. Um dia foi para a Suécia trabalhar e logo no primeiro dia encontrou uma biblioteca, na qual passou dois meses tentando aprender sueco.

Aroldo, sem H, veio de Pires do Rio, uma cidadezinha de Goiás. Aroldo pintava e bordava. Bordou uma jaqueta Lee branca que fazia o maior sucesso em Paris. Um dia desenhou pavões em cartões de Natal e foi vender na faculdade mais comunista da França. Não vendeu nenhum.

Osmar era o mais organizado da turma e foi ele quem me fez gostar de Edith Piaf. Sabia todas as suas canções de cor. Osmar não tirava da cabeça um chapéu de feltro preto, colecionava a revista L'Oeil e era fã de Salvador Dalí e Victor Vasarely. Osmar vivia cantarolando "Je ne regrette rien..."

Manuel era um equatoriano que resolveu levar os

estudos a sério. Para conseguir escrever sua tese de arquitetura, construiu um berço com pedal para embalar o filhinho, um bebê chamado Inti.

Aureliano Biancarelli veio de Americana e sempre foi um jornalista nota 10, 24 horas por dia. Abria os olhos de manhã e a primeira coisa que enxergava era uma pauta.

Haroldo, com H, era o Haroldo Sabóia, que veio do Maranhão. Era casado com uma portuguesa chamada Maria e vivia política de manhã, de tarde e de noite.

Juca ninguém sabia se era branco, pardo ou mulato. Tinha os olhos verdes de gato e gostava muito de cozinhar. Quando lia na receita que era para deixar a massa descansar, Juca fazia questão de colocar a forma em cima de uma almofada de motivos indianos.

Darci veio do Rio Grande do Sul com um diploma de professor de Educação Física debaixo do braço. Fez de tudo em Paris, inclusive inventar uma nova língua. Líbano era Libão, gasolina era essência e lata de lixo era pubela.

Romel era o boliviano mais brasileiro que conheci. Falava com a maior intimidade de carnaval, mulatas, futebol, Gil, Caetano e Gal, sem nunca ter pisado no país tropical.

Adolfo era baiano e vivia sonhando com Salvador. Era tão baiano que inventava gírias francesas à moda de Dorival Caymmi: "Ah, comme Paris c'est porrete!"

Humberto Werneck tinha as melhores histórias de brasileiros em Paris. Ele sempre contava uma do dia em que foi a uma loja comprar canela. "Cannelle! Cannelle!", dizia ele aflito para a vendedora, que não entendia patavinas. Ele não pensou duas vezes. Levantou a barra da calça, apontou sua canela e disse: "Cannelle! Cannelle, madame!"

Sãozinha, a Maria Conceição Guedes, foi a arquiteta que nos deu régua e compasso. Chegou a Paris e a primeira coisa que aprendeu foi pedir um chocolate nos cafés. Sentava-se e dizia ao garçom: "Un chocolat!" Ela se sentia uma parisiense. Um dia o garçom perguntou se ela queria quente: "Chaud?" (xô). Ela não pensou duas vezes e completou: "Colat".

Não poderia colocar um ponto final neste livro sem declarar para os devidos fins a minha paixão pelos números especiais da revista Magazine Littéraire sobre Boris Vian, Henri Michaux, Jacques Lacan, Jacques Prévert, Burroughs, Ginsberg e Kerouac.

Não poderia colocar um ponto final neste livro sem declarar para os devidos fins a minha paixão pela música de Jacques Higelin, Jacques Brel, Charles Trénet e Henri Salvador. Pelos desenhos de Folon, Savignac, Jacques Tardi, Jean-Claude Forest e F'Murr. Pelo humor de Claire Bretécher, pelas editoras Maspéro e Des Femmes, pelas reportagens da Hérodote, Le Sauvage, Afrique-Asie e Pour la Science. Pelos quadrinhos da Charlie Mensuel, da Spirou, A Suivre e Pilote.

    Não poderia esquecer o buquinista da beira do Sena que conseguiu para mim o número 1 da revista Le Fou Parle, nem mesmo esquecer a ideologia do Mouná, que parava sua velha bicicleta nas ruas do Quartier Latin, subia num caixote de madeira e fazia discursos inflamados contra o governo. Não importava qual governo.

Oui à la liberté

Fim

EDITORA GLOBO

Copyright © 2007 by Editora Globo S/A. para a presente edição
Copyright © do texto 2007 by Alberto Villas

Edição e revisão de texto: Márcia Melo
Todas as imagens deste livro pertencem ao acervo pessoal do autor. Exceto capa.
Imagem de capa: © Savignac, Raymond, "L'Information", Licenciado por AUTVIS, Brasil, 2007

Todos os direitos reservados. Nenhuma parte desta edição pode ser utilizada ou reproduzida – por qualquer meio ou forma, seja mecânico ou eletrônico, fotocópia, gravação etc. – nem apropriada ou estocada em sistema de banco de dados, sem a expressa autorização da editora.

EDITORA GLOBO S.A.
Av. Jaguaré, 1485 – São Paulo, SP, Brasil
05346-902
www.globolivros.com.br

Impressão e acabamento: Geográfica

Dados Internacionais de Catalogação na Publicação (CIP)
(Câmara Brasileira do Livro, SP, Brasil)

> Villas, Alberto
> Afinal, o que viemos fazer em Paris? / Alberto Villas. -- São Paulo : Globo, 2007.
>
> ISBN 978-85-250-4381-8
>
> 1. Paris (França) - Descrição e viagens
> 2. Memórias autobiográficas 3. Villas, Alberto
> I. Título.

07-8255   CDD-928.699

Índices para catálogo sistemático:
1. Escritores brasileiros : Memórias 928.699